JN410304

Geständnisse

고백록

〈지식을만드는지식 고전선집〉은
인류의 유산으로 남을 만한 작품만을 선정합니다.
읽을 수 없는 고전이 없도록 세상의 모든 고전을 출판합니다.
오랜 시간 그 작품을 연구한 전문가가
정확한 번역, 전문적인 해설, 풍부한 작가 소개, 친절한 주석을
제공합니다.

Geständnisse

고백록

하인리히 하이네(Heinrich Heine) 지음
김희근 옮김

대한민국, 서울, 지식을만드는지식, 2026

편집자 일러두기

- 이 책은 1997년 아르테미스 앤드 빙클러(Artemis & Winkler)에서 출간한 《Geständnisse》를 원전으로 삼아 번역했습니다.
- 공연이나 희곡, 그림, 한 편의 시, 중 · 단편소설, 단행본 속의 한 장(章) 등은 〈 〉로 표시하고 단행본, 잡지, 신문, 장편소설 등은 《 》로 표시했습니다.
- 한, 두, 세 등으로 읽히는 숫자는 한글로, 일, 이, 삼 등으로 읽히는 숫자는 아라비아 숫자로 적었습니다. 만 이상의 단위는 한글로 하고, 시간과 날짜는 모두 아라비아 숫자로 적었습니다.
- 주석은 독자의 이해를 돕기 위해 모두 옮긴이가 단 것입니다.
- 외래어 표기는 현행 한글 어문 규범의 외래어 표기법을 따랐습니다.

차 례

하인리히 하이네(Heinrich Heine, 1797~1856)

모리츠 다니엘 오펜하임(Moritz Daniel Oppenheim, 1800~1882) 그림,

캔버스에 오일, 1831.

인생 마지막 시기,
눈이 멀고 몸이 마비되어
비서의 받아쓰기로 완성한 《고백록》.
'매트리스 무덤'에 갇혔어도
하이네의 날카로운 시선은
여전히 생생하다.

들어가며

다음의 글은 내가 《독일에 관해서》* 개정판에 실으려고 쓴 것이다. 나는 이 글이 고향 독자들의 관심도 끌 것으로 생각한다. 그래서 이 《고백록》을 프랑스어판 출간에 앞서 독일어판으로도 출간하려 한다. 이런 결정을 내린 데에는 이유가 있다. 번역자들의 날렵한 손재주 때문이다. 그들은 최근 내가 독일 신문을 통해 어떤 작품의 독일어판이 출간될 거라고 알렸는데도 이전에 프랑스어로 발표했던 작품의 처음 부분을 덥석 물어 독일어로 번역하고 특별 소책자로 만들어 출판하는 행위를 서슴지 않았다.*

* 《독일에 관해서》: 원제는 《De l'Allemagne》이다. 프랑스어판 개정판 또는 수정본으로 하이네가 병상에서 내용을 수정하고 보완했으며 1855년 파리에서 출판되었다.

* 프랑스어로 발표했던 작품의~행위를 서슴지 않았다 : 《하이네의 추방된 신들. 프랑스어판 번역. 병든 시인에 관한 최근 소식과 함께(Die verbannten Götter von Heinrich Heine. Aus dem Französischen.

그런데 이것만큼 작가의 명성과 법적 소유권을 침해하는 경우는 없을 것이다. 그들은 노상강도보다 훨씬 더 경멸받아 마땅한 자들이다. 노상강도는 교수형에 처해질 수도 있지만, 이자들은 비열하게도 언론 출판법의 틈새를 노려 아무런 죄도 받지 않고 힘겹게 얻은 가난한 작가들의 적은 수입을 훔친다. 이 특별한 경우에 관해 더 장황하게 부연하고 싶지는 않다. 하지만 고백하건대, 이런 비열한 짓거리는 나를 놀라게 만들지 못했다. 쓰디쓴 경험을 이미 맛보았기 때문이다. 독일의 정직성에 대한 나의 오랜 믿음 또는 미신은 이미 산산조각이 난 상태다. 나는 프랑스에서 체류하는 동안에도 자주 그러한 미신의 희생자가 되었다는 걸 공개적으로 말할 수 있다. 유감스럽게도 나에게 손해를 끼친 사기꾼 중에 프랑스인이 있었는데, 독일 태생의 이 사기꾼은 일찍이 독일제국에서 도망쳤지만, 지금은 우리의 애국자들이 다시 고국으로 돌아오기를 간절히 바라는 사기꾼 중 한 명이 되었으니, 그것이 나는 정말로 놀랍다. 인종학자들이 병풍 모양으로 접은 긴 종이에 기록

Nebst Mitteilungen über den kranken Dichter)》(1853)를 의미한다.

하듯이 내 호주머니를 털어 간 이 존경할 만한 사기꾼들에 관한 목록을 내가 만든다면 당연하게도 그 안에는 문명화된 모든 국가의 이름이 들어갈 것이다. 그러나 믿기지 않는 일을 해치운 나의 고향에도 종려나무는 꿋꿋하게 남아 있을 것이다. 이에 관한 노래를 나는 다음과 같이 후렴구를 붙여 부를 수 있다.

"하지만 독일에는 1003명!"*

독일 불량배들에게서 우리는 독특한 감상주의를 발견할 수 있다. 그들은 냉혹한 이성을 가진 사기꾼들이 아니라 감정의 능력을 지닌 악당들이다. 정감이 있는 것이다. 그들은 도난당한 사람들의 불행을 가엾게 여길 줄 안다. 그 사람들을 버려둘 수 없는 것이다. 심지어 고등 사기꾼들조차 자신의 이익만을 위해 물건을 훔치지 않는다. 이기주의자가 아닌 그들은 선행을 베풀기 위해 더러운 돈을 벌고 싶어 한다. 예컨대 보헤미아 숲의 가스등 관리를 하

* "하지만 독일에는 1003명!" : 하이네는 모차르트의 오페라 〈돈 조반니〉에서 레포렐로가 돈 조반니가 관계한 여성들의 숫자를 나열하며 노래하는 아리아의 일부인 "하지만 스페인에는 1003명"이라는 가사를 끌어와 자기 작품에 삽입했다.

지 않아도 좋을 한가한 시간이 되면, 그들은 피아니스트와 언론인들을 보호하러 나서고, 화려한 문양의 형형색색으로 빛나는 아일랜드풍의 조끼를 입은 따뜻한 마음의 소유자가 되거나, 인간 세계의 부족함과 사악함에 괴로워한다. 앞에서 언급했던 나의 작품을 번역하여 소책자로 출판한 고등 사기꾼은 나의 개인적 상황에 대한 것도 책에 함께 실었다. 좋지 않은 건강 때문에 내가 매우 우울하다고 하면서. 그리고 처참한 현재의 내 모습에 관한 신문 기사의 온갖 내용을 짜깁기하여 머리부터 발끝까지 내 모습 전부를 상세하게 소개했다. 재치 있는 친구가 이것을 읽으면 웃음을 터뜨리며 이렇게 말할 수 있었을 것이다.

"우리는 정말 뒤죽박죽인 세상에 살고 있네, 정직한 남자에게 강탈한 도둑이 피해자에 관한 사실을 함부로 퍼뜨리는 그런 세상이란 말일세."

1854년 3월, 파리에서

하인리히 하이네

고백록
Geständnisse

재치 있는 어떤 프랑스 남자가—몇 년 전까지만 해도 이렇게 말하면 중의적 표현이라고 했었다—언젠가 나를 두고 '타락한 낭만주의자'*로 부른 적이 있다. 나는 영혼에 관한 모든 것에 약점을 지니고 있다. 악의적으로 언급하면서도 낭만주의는 나에겐 큰 즐거움이기 때문이다. 맞는 말이다. 낭만주의를 무찌르기 위한 투쟁에도 나는 항상 낭만주의자로 남았다. 나는 생각하는 것보다 훨씬 더 낭만주의자인 셈이다. 나는 낭만주의 시 문학에 대한 독일의 집착에 치명적인 타격을 가한 다음 다시 슬그머니 낭만적 꿈의 세계에 빠져 푸른 꽃*을 몹시 그리워하고 마법에 걸린 라우테*를 연주하며 노래를 불렀다. 그렇게 나는 유쾌한 허풍선이가 되고, 달빛에 취해 한때 사랑받았던 현

* 타락한 낭만주의자 : 프랑스어 원문은 "romantique défroqué"다.

* 푸른 꽃(Blaue Blume) : 독일 낭만주의의 대표 시인이자 철학자인 노발리스(Novalis, 본명 Georg Philipp Friedrich von Hardenberg, 1772~1801)의 작품 《하인리히 폰 오프터딩겐(Heinrich von Ofterdingen)》(1802)에 처음으로 등장했으며 무한함, 사랑, 이상 등을 추구하는 독일 낭만주의 문학의 주요 상징이다.

* 라우테 : 구식 현악기의 일종이다.

자의 밤꾀꼬리 광기*에 내 몸을 맡겼다. 나의 노래는 마지막으로 부르는 자유로운 숲의 노래이고, 나는 낭만주의의 마지막 시인이다. 독일의 서정시*는 나와 함께 끝났고, 새롭게 시작하는 독일 현대시는 나에 의해 시작되었다. 이러한 이중적 의미는 독일 문학 사가들이 나에게 부여한 것이다. 이런 점을 내가 좀 더 자세하게 언급하는 건 적절하지 않겠지만, 내가 독일 낭만주의 문학사에서 매우 중요한 인물이라는 사실만큼은 틀린 말이 아닐 것이다. 이런 이유로 나는 낭만주의 사조의 역사를 가능한 한 온전하게 제시하려 했던 책《독일에 관해서》에 나에 관한 이야기도 삽입했어야만 했다. 그런데 그렇게 하지 않았기 때문에 쉽게 메울 수 없는 빈틈이 생기고 말았다. 자신에 관한 서술은 매우 위험할 일일 뿐만 아니라 심지어 불가능한 작업일 수도 있다. 내가 여기서 나 자신에 관해 알고 있는 좋은 점을 떠벌리는 데 거리낌이 없다면 나는 어리석은 바

* 밤꾀꼬리 광기 : 하이네의 시 〈아타 트롤(Atta Troll)〉에서 유래한 비유적 표현으로서 낭만주의에 대한 망상에 가까운 헌신을 의미한다.

* 서정시 : 19세기 초 독일 낭만주의 시에 등장한 개념으로 고전적 형식과 감성적 내용을 주로 다룬 시를 의미한다.

보가 될 것이고, 마찬가지로 내가 잘 알고 있는 결함을 세상 사람들이 다 알게 한다면 그것 역시 바보짓일 것이다. 선한 의지라고 하더라도 자신에 관한 진실을 털어놓는 사람은 없다. 히포의 경건한 주교 성 아우구스티누스*와 제네바의 루소,* 특히 동시대인들보다 더 기만을 일삼고 자연과 동떨어진 사람인데도 자신을 진실과 자연의 사람이라고 칭했던 후자 역시 성공하지 못했다. 그는 매우 교만한 사람으로 좋은 특성이나 아름다운 행동의 원인을 자신에게서 찾기보다는 자신을 비판하기 위해 가장 파렴치한 것을 발명한 장본인이다. 그가 자신을 비방했던 것은, 나와 동향 사람인 가련한 그림 형제*와 같은 사람들을 진실처럼 보이는 그럴듯한 허상으로 비하하기 위해서였을까?

* 성 아우구스티누스(Sanctus Aurelius Augustinus, 354~430) : 로마 제국 시기의 기독교 신학자이자 성직자다.

* 장 자크 루소(Jean Jacques Rousseau, 1712~1778) : 스위스 제네바 출신의 프랑스에서 활동한 철학자로 현대 문명사회를 비판하며 자연으로 회귀할 것을 주장했다.

* 그림 형제(Gebrüder Grimm) : 독일의 민속학자이자 언어학자인 야코프 그림(Jacob Grimm, 1785~1883)과 빌헬름 그림(Wilhelm Grimm, 1786~1859)을 말한다.

아니면 실제로 저질렀던 범죄를 감추기 위한 거짓 고백일까? 잘 알려진 것처럼, 우리에 관해 떠도는 수치스러운 이야기들은 그것이 사실일 때 우리를 고통스럽게 만들지만, 그것이 그저 날조된 것이라면 우리의 마음은 큰 상처를 입지 않는다. 그러므로 나는 루소가 무고하게 누명을 쓰고 쫓겨난 하녀 때문에 그의 명예와 업적의 대가를 치르도록 만든 리본을 훔치지 않았다고 확신한다.* 그는 도둑질에 재능이 없으며 은거지에 숨은 곰처럼 너무 어리석고 굼뜬 사람이었다. 그는 다른 범죄로 책임을 져야 했을지는 모르겠지만 도둑질은 하지 않았다. 또한 그는 자신의 아이들을 보육원으로 보내지 않았다. 마드무아젤 르바세르*의 아이들을 보냈을 뿐이다. 30년 전에 독일의 저명한 심

* 그러므로 나는 루소가~훔치지 않았다고 확신한다 : 루소의 자서전인 《고백록(Les Confessions)》(1770)에 등장하는 리본 도난 사건을 말한다. 루소가 하녀의 리본을 훔쳤다는 이 일로 그의 도덕성 논란이 크게 일었다.

* 마리테레제 르바세르(Marie-Thérèse Levasseur, 1721~1801) : 루소는 하녀 출신의 르바세르와 죽을 때까지 함께 살았다. 한편 그녀의 아이들을 양육원에 버렸다는 일로 루소는 끊임없이 비난의 대상이 되었다.

리학자 중 한 분이 내게 《고백록》의 한 구절을 가리키며 루소가 그 아이들의 아버지일 수 없다는 것을 분명하게 추론할 수 있다고 했다. 허영심 많고 불평꾼인 루소는 자식을 아끼는 아버지가 아니라는 의심을 받는 것보다 차라리 야만적인 아버지인 것처럼 행동하는 것을 택했다는 이야기였다. 그러나 인간의 본성을 비방했던 루소는 우리의 유전적 결함, 즉 우리는 늘 실제의 모습과 다르게 세상에 보이기를 원한다는 사실을 고수했다. 그러므로 그의 자화상은 기만이다. 훌륭하게 그려진 그림이지만 멋진 속임수인 거다. 최근 어느 아프리카 여행기에서 재미있게 읽었던 아샨티족*의 왕이 그보다 더 솔직할 것이다. 위에서 언급했던 인간적 약점을 매우 재미있고 함축적으로 표현한 이 흑인 왕의 순진한 이야기를 다음에서 여러분과 나누려 한다. 영국령 희망봉의 통치자인 총독에 의해 공사 자격으로 남아프리카에서 가장 강력한 군주의 궁전으로 보내진 보디치 소령*은 초상화를 그려서 그곳의 궁정 사회,

* 아샨티족 : 아프리카의 가나 남부와 토고, 코트디부아르에 사는 종족이다.

특히 검은 피부에도 불구하고 매우 아름다운 귀부인들의 호감을 얻으려 했다. 그림과 실제 인물의 모습이 눈에 띄도록 닮은 것에 감탄한 왕은 자신의 초상화도 요구하며 초상화 작업에 참여했다. 그런데 자주 자리에서 일어나 초상화를 살피던 왕은 그림 속 얼굴을 보고 얼굴을 찡그리며 불안한 표정을 지었다. 그는 무언가를 말하려 했으나 적당한 단어를 찾지 못했다. 화가가 왕에게 원하는 것이 무엇이냐고 물어보자 가련한 왕은 수줍어하며 대답했다. 자기를 하얀색으로 칠하면 안 되겠냐고!

그렇다. 흑인 왕은 자신이 하얗게 칠해지길 원했다. 그렇다고 이 가련한 아프리카인을 비웃지 마시길. 모든 사람은 흑인 왕과 다르지 않다. 우리는 운명에 의해 칠해진 것과 다른 색으로 세상에 보이길 원한다. 내가 이 점을 알게 된 것이 정말 다행이다. 따라서 나는 이 책에서 스스로 그런 잘못을 되풀이하지 않도록 주의할 생각이다. 나의 개성을 가능한 한 분명하게 보여 줄 기회를 찾으면서 결점

* 토머스 보디치(Thomas Edward Bowdich, 1791~1824) : 영국의 탐험가이자 작가다.

투성이의 초상화로 생긴 빈틈을 어느 정도 메우려 노력하겠다. 아울러 이 책의 생성 배경, 그리고 심층적 분석과 탐구를 통해 본질에 다가서려는 저자의 천착 과정에서 발생한 철학과 종교에 관한 다양한 생각이 나의 새로운 책《독일에 관해서》를 읽을 독자에게 도움이 되면 좋겠다. 또한 그것은 나의 과제이기도 하다.

걱정하지 마시라, 나는 나 자신을 하얗게 칠할 생각이 없다. 또한 내 이웃을 검게 칠할 생각도 없다. 내가 다른 사람의 피부색에 관해 말할 때 여러분들이 나의 판단을 신뢰할 수 있도록 나는 나의 색을 바꾸지 않고 계속해서 유지하고 또한 드러낼 것이다.

나는 스탈* 부인의 유명한 작품 이름을 내 책에 그대로 가져왔다. 논쟁을 벌이기 위해서다. 어떤 견해가 내 생각을 이끌었다는 사실을 부정하지는 않겠다. 처음부터 특정

* 안 루이즈 제르맨 드 스탈-홀스타인(Anne Louise Germaine de Staël-Holstein, 1766~1817) : 프랑스어권 스위스 출신의 여류 작가이자 사상가로 《독일에 관해서(De l'Allemagne)》(1810)로 널리 이름을 알렸다. 그녀는 이 책에서 독일을 "시인과 사상가의 나라"로 높이 평가했다.

정치적 견해를 전달한다고 해명하는 것이 진실을 탐구하는 연구자에게 더 도움이 될 수도 있을 것이기 때문이다. 미온적이고 공평함을 가장하는 것은 언제나 거짓이며 가장 적대적인 적보다도 더 공격받는 작가에게 해롭기 마련이다. 천재성을 지닌 작가 스탈 부인은 언젠가 천재는 성별과 무관하다고 말한 적이 있다. 그래서 나는 흔히 숙녀에게 그러듯이 정중한 태도를 보이며 이 여류 작가에 관해 말하지 않겠다. 그러한 태도는 여성의 약점을 알고 어려움에 공감하며 확인하는 증명서에 불과하다.

스탈 부인에 관한 진부한 일화는 사실일까? 나는 소년 시절 흥미로운 이야기를 들었던 기억이 난다. 나폴레옹이 제1 집정관이었던 시절 스탈 부인이 방문차 그의 숙소로 갔다. 그러나 근무자는 엄격한 규정에 따라 누구도 들어갈 수 없다고 말했다. 그러자 그녀는 영예로운 그의 상관에게 즉각 그녀의 방문 의사를 전하라며 끈질기게 고집을 부렸다. 하지만 근무자는 나폴레옹이 목욕 중이기 때문에 존경하는 숙녀님을 영접할 수 없다고 유감을 전했다. 그때 그녀는 바로 그 유명한 말로 대답했다고 한다. 천재는 성별이 없으므로 문제가 되지 않는다고.

나는 이 이야기가 사실일 것으로 확신하지 않지만, 사실이 아니더라도 잘 만들어진 이야기라고 생각한다. 황제를 쫓아다니는 불같은 성격의 집요함을 볼 수 있기 때문이다. 그녀의 나폴레옹 숭배에 근무자는 저항할 수 없었을 것이다. 그녀는 한때 이런 생각을 한 적이 있다고 한다. 세기의 위대한 남성은 위대한 동시대인과 짝을 이루어야만 이상적이라고. 그러나 그녀가 칭찬을 기대하며 황제에게 당대의 가장 위대한 여성을 누구라고 생각하는지 물어보자, 황제는 이렇게 대답했다고 한다. 가장 많은 아이를 낳은 여자라고. 황제가 프랑스 여성들이 그토록 좋아하는 섬세하고 상냥한 태도와 관심을 중요하게 생각하지 않았다는 사실에서도 알 수 있다시피, 그것은 정중한 답변이 아니었다. 그래도 재치 없는 표현은 프랑스 여인들에게 그다지 큰 불쾌감을 유발하지 않을 것이다. 하지만 제네바 출신의 이 유명한 숙녀는 그녀 스스로 직접 증명하듯이 어색함에서 벗어나지 못했다.

그 착한 여인은 집요한 공세에도 불구하고 아무것도 얻어 낸 것이 없다는 것을 알게 되자 야만스럽고 무례한 통치 방식을 꼬치꼬치 따지면서 나폴레옹에게 도전했다. 그녀의 불만 표출은 경찰이 와서 추방 명령서를 제시할 때까지 계속되었다. 추방된 그녀는 제국주의 프랑스의 유물론적 세계관에 반대되는 독일의 유심론적 세계관을 이상적이고 훌륭한 것으로 높이 평가할 책을 집필하고자 했다.

그리고 자료를 구하기 위해 독일로 도망쳤다.* 독일에서 거둔 그녀의 큰 수확은 바로 학자 아우구스트 빌헬름 슐레겔*과의 만남이었다. 그는 성별이 없는 천재였다. 그는 그녀의 치세로네*가 되었고 그녀의 독일 문학 여행에 동행했다. 이제 그녀는 매우 큰 터번*을 머리에 쓴 사상의 술탄이 되었다. 그녀는 우리 독일 작가들에 대한 정신적 검증을 마치고 물질의 술탄*을 패러디했다. 당신의 나이

* 자료를 구하기 위해 독일로 도망쳤다 : 실제로 스탈 부인은 1802년 나폴레옹에 의해 정적으로 간주되어 파리에서 추방되었고, 이후 두 차례에 걸쳐 독일을 방문하여 작품 《독일에 관해서》 집필에 필요한 자료를 얻었다.

* 아우구스트 빌헬름 슐레겔(August Wilhelm Schlegel, 1767~1845) : 독일의 시인이자 비평가다. 형제인 프리드리히 슐레겔(Karl Wilhelm Friedrich Schlegel, 1772~1829)과 함께 독일 낭만주의 문학을 주도했다.

* 치세로네(Cicerone) : 미술관이나 박물관에서 관람객에게 예술 또는 역사에 관해 설명하고 안내하는 사람을 이르는 단어다. 고대 로마의 정치가이자 철학가이며 최고의 문필가인 키케로(Marcus Tullius Cicero, 기원전 106~기원전 43)의 이름에서 유래했다.

* 터번 : 인도 및 아랍 지역의 남성들이 머리에 두르고 다니는 천이다.

* 물질의 술탄 : 프랑스의 유물론적 세계관을 의미한다.

는 어떻게 됩니까? 자녀는 몇 명이지요? 얼마나 오래 근무했나요? 등을 보통 사람들에게 묻고, 그들이 학자라면, 연세가 어떻게 되세요? 어떤 걸 쓰셨나요? 당신은 칸트주의자인가요, 아니면 피히테주의자? 물질의 술탄은 그렇게 물었을 것이다. 하지만 그녀는 아우구스트 빌헬름 슐레겔이 충실한 맘루크*가 되어 그녀의 말을 급하게 자신의 노트에 기록하는 그런 식의 대답을 기다릴 생각이 없었다. 나폴레옹이 아이를 가장 많이 낳은 여자를 가장 위대한 여인으로 설명한 것처럼, 스탈 부인은 가장 많은 책을 쓴 사람을 위대한 남성으로 선언했다. 사람들은 그녀가 우리를 얼마나 떠들썩하게 만들었는지 전혀 모르고 있다. 최근 발표된 책들, 이를테면 피클러*의 회고록, 파른하겐*과

* 맘루크 : 13세기부터 16세기까지 이집트, 시리아 등의 광대한 영토를 강력한 군사력으로 지배했던 왕조 및 세력 또는 뛰어난 전투 기술을 가진 중세 이슬람 세계의 노예 출신 군인을 말한다.

* 카롤린 피클러(Caroline Pichler, 1769~1843) : 오스트리아의 여류 작가다.

* 라헬 파른하겐(Rahel Varnhagen von Ense, 1771~1833) : 유대계 독일 여류 작가이며 문학 살롱을 만들어 당대 최고의 지성인들과 교류했다. 하이네도 그중 하나다.

아르님*이 주고받은 서한들, 에커만*의 증언은 그녀, 즉 사상의 술탄이 물질의 술탄에 의해 야기된 혼돈 상황 속에서 우리가 불안하게 요동치는 모습을 얼마나 유쾌하게 묘사했는가를 반증한다. 스탈 부인은 학자들의 지휘 아래 종합 군사 훈련을 받은 것과 다름없었다. 문인들은 그녀를 만족시켰고 그들의 얼굴 생김새와 눈 색깔도 개인적으로 그녀의 마음에 들었다. 《독일에 관해서》에서 그들은 레지옹 도뇌르 훈장*을 받아도 좋을 만큼 명예로운 존재로 묘사되었다. 하지만 그녀의 책은 나에게 기이하고 성가신 인상을 주기도 한다. 그녀는 열정적이지만 부산스럽다. 여성의 옷을 입은 폭풍이 고요한 독일 전역을 휩쓸며 기쁨에 넘쳐 괴성을 지르는 것 같은 생각이 든다.

"이곳의 고요한 침묵이 나를 에워싸고 있군요!"

* 베티나 폰 아르님(Bettina von Arnim, 1785~1859) : 독일 낭만주의를 대표하는 여류 시인이다.

* 요한 페터 에커만(Johann Peter Eckermann, 1792~1854) : 독일의 시인이자 작가이며 괴테의 제자이자 비서로도 알려졌다.

* 레지옹 도뇌르 훈장(Ordre National de la Légion d'honneur) : 프랑스의 명예 군단 훈장으로 최고 훈장이다.

그녀는 프랑스에서 다스리지 못한 분노를 식히기 위해 독일로 갔다. 우리 시인들의 순결한 숨결이 뜨거운 열기로 흥분한 그녀의 가슴을 어루만져 준 것이다! 그녀에게 우리 철학자들은 다양한 종류의 아이스크림이었다. 또한 그녀가 삼킨 칸트는 바닐라 셔벗, 피히테는 피스타치오, 셸링은 알록달록하고 달콤한 사탕이었다.

"당신들의 숲에 있으면 얼마나 마음이 상쾌한지."

그녀는 끊임없이 외쳤다.

"상쾌한 제비꽃 향기! 독일의 작은 둥지에서 지저귀는 방울새! 선하고 고결한 독일인이여, 그대들은 뤼 뒤 박* 에서 벌어지는 도덕적 타락에 대해 알지 못한다."

그러나 이 선한 숙녀는 우리에게서 보고 싶은 것만 보았을 뿐이다. 안개 자욱한 유령의 나라, 그곳에서 육체가 없는 사람들은 도덕과 형이상학을 논하며 눈밭을 헤맨다! 그녀는 보고 싶은 것, 듣고 싶은 것, 다시 말하고 싶은 것만 곳곳에서 보고 들었으며 말했을 뿐이다. 그녀가 늘 자기 생각을 말했기 때문에, 자극적인 질문을 던지며 토론할

* 뤼 뒤 박(Rue du Bac) : 프랑스 파리의 거리 이름이다.

때도 겸손한 학자들은 혼란스럽고 당황했을 뿐이다. 그녀가 들은 것은 조금이고 진실이 아니다.

"정신이란 무엇인가?"

어리석은 보우테르베크* 교수의 가늘고 힘없이 떨리는 허리에 자신의 두툼한 다리를 얹으며 그녀는 다음과 같이 적었다.

"아, 보우테르베크는 얼마나 흥미로운 남자인가! 우울한 그의 눈이라니! 파리의 뤼 뒤 박에서 마주친 신사들에게서 볼 수 없는 모습이었지!"

그녀는 모든 데서 독일 유심론을 보고, 우리의 정직, 미덕, 정신 교육을 칭찬한다. 그러나 그녀는 교도소와 매음굴, 군대 막사를 보지 못한다. 독일인 모두가 몽티옹상*을 받아야 한다는 것인가. 그러나 이것은 당시 우리의 적이었던 황제를 비방하기 위함이었다.

황제에 대한 증오는 바로 그녀의 책 《독일에 관해서》의

* 프리드리히 보우테르베크(Friedrich Ludewig Bouterwek, 1766~1828) : 독일의 철학자이자 비평가다.

* 몽티옹상(Prix Monthyon) : 프랑스의 귀족 몽티옹이 설립하고 후원한 상으로 프랑스 사회의 발전에 영향을 끼친 인물에게 수여된다.

핵심이다. 물론 책 어디에도 황제의 이름은 등장하지 않는다. 그러나 저자가 행마다 튀일리궁전을 겨냥하고 있다는 것을 독자는 알 수 있다. 이 책이 직접적인 공격보다 황제를 더 분노하게 했다는 것에는 의심의 여지가 없다. 작은 바늘로 찌르는 것만큼 남자에게 큰 상처를 입히는 건 없기 때문이다. 큰 칼을 들고 대비하고 있는데 가장 가려운 곳을 간지럽히는 셈이다. 오 여성들이여! 우리 남성들은 여성들에게 용서를 구해야만 한다. 그들은 많은 것을 사랑한다. 그래서 그들의 증오는 사실 사랑에서 비롯된 것으로 보아야 한다. 한 말에서 다른 말의 안장으로 옮겨 타듯이 때때로 그들은 우리에게 해를 끼치면서 다른 남자에 대한 사랑을 입증하기도 한다. 만일 여성들이 글을 쓴다면 한쪽 눈은 종이에, 또 다른 눈은 남자를 향할 것이다. 이건 여류 작가 모두에 해당한다. 물론 한쪽 눈만 있는 한한 백작 부인*처럼 예외도 있다. 우리 남성 작가들도 편견에 공감하는 편이다. 그래서 우리는 어떤 사안에 대해

* 한한 백작 부인(Ida Hahn-Hahn 또는 Ida Gräfin von Hahn, 1805~1880) : 독일의 여류 작가이자 시인이다.

찬성하거나 반대하는 글을 쓰고, 어떤 이념 또는 정당에 대해 동조하거나 비판하는 글을 쓴다. 그러나 여성들은 항상 그리고 오로지 한 남자에 대해서만 그렇다. 아니 더 정확히 말하자면, 단 한 남자 때문에 글을 쓴다. 또 다른 특징은 캉캉*이다. 이 허접한 쓰레기를 그들은 문학으로 가져오기도 하는데, 나는 이게 남자들의 거친 비방보다 더 치명적이라고 생각한다. 우리 남성들은 때때로 거짓말을 한다. 그러나 본성적으로 수동적인 여성들은 거짓말하는 경우가 드물다. 그들은 이미 존재하는 것을 왜곡하는 데 능하다. 그래서 결정적인 거짓말보다 훨씬 더 큰 피해를 남성들에게 입힌다. 나의 친구 발자크*는 언젠가 나에게 한숨을 쉬면서 이렇게 말한 적이 있다. 정말 옳은 말이다.

"여성은 위험한 존재입니다."*

* 캉캉(Cancan) : 다리를 높이 들고 치마를 걷어 올리는 동작의 춤이다. 여성의 자유와 해방을 상징하기도 한다.

* 오노레 발자크(Honoré Balzac, 1799~1850) : 프랑스의 작가이자 언론인이다. 하이네는 파리에서 망명 생활을 하면서 프랑스 문화계 인사들과 활발하게 교류했는데, 발자크는 그중 하나다.

* 여성은 위험한 존재입니다 : 프랑스어 원문은 "La femme est un être

그렇다. 여성은 위험한 존재다. 그러나 미인은 정신적으로 뛰어난 여인보다는 덜 위험하다. 왜냐하면 전자는 남성의 구애에 익숙하지만, 후자는 남성의 자기애를 받아들이고 달콤한 말로 비위를 맞추어 아름다운 여자들보다 더 많은 추종자를 얻을 수 있기 때문이다. 그렇다고 내가 스탈 부인을 아름답지 않다고 말하려는 것은 아니다. 미라고 하는 것은 전혀 다른 것이다. 그녀는 긍정적인 면모를 가지고 있지만, 그게 다른 사람을 매우 불편하게 만들기도 한다. 특히 손가락으로 작은 자루나 종이봉투를 계속해서 돌리는 그녀의 광적인 집착은 고인이 된 실러*와 같은 신경질적인 사람들을 참을 수 없게 만든다. 그녀의 행동으로 현기증을 느낀 실러는 그녀의 아름다운 손을 꽉 잡지 않을 수 없었는데, 스탈 부인은 그걸 감상적인 시인이 자신에게 매료되었다는 것으로 믿고 말았다. 실제로 그녀는 아름다운 손과 팔을 가지고 있고, 그래서 늘 팔을

dangereux"이다.

* 프리드리히 실러(Friedrich Schiller, 1759~1805) : 독일의 극작가이자 비평가다. 괴테와 함께 독일 고전주의 문학의 정수를 보여 준 인물이다.

드러냈다고 사람들이 말한다. 분명 밀로의 비너스*도 그렇게 아름다운 팔을 가지지 못했을 것이다. 그녀의 치아는 고상한 말의 하얀 이빨보다 더 하얗게 빛났고, 눈은 매우 크고 아름다웠으며, 입술은 열둘이나 되는 사랑의 큐피드가 자리를 잡을 정도로 크고, 미소는 매우 매혹적이었다고 한다. 말하자면 그녀는 전혀 추하지 않았다는 것이다. 못생긴 여자는 없으니까. 그러나 확실한 것은, 스파르타의 헬레네가 그렇게 생겼다면 트로이 전쟁은 일어나지 않았을 것이라는 점이다. 프리아모스의 성은 불타지 않았고 호메로스도 아킬레우스의 분노를 노래하지 않았을 것이다.*

위에서 말했듯이, 스탈 부인은 위대한 황제를 향해 적

* 밀로의 비너스 : 기원전 2세기의 작품이며 현재 파리 루브르 박물관에 소장되어 있다. 두 팔이 없는 상태로 발견되었고 팔은 복원되지 않았다.

* 프리아모스의 성은~노래하지 않았을 것이다 : 트로이 전쟁은 그리스 · 로마 신화에 등장하는 전쟁으로 고대 그리스 시인 호메로스가 서사시《일리아드》에 기록했으며 스파르타의 여왕 헬레나의 납치 사건으로 시작되었다. 아킬레우스는 그리스의 뛰어난 전사이며, 프리아모스는 아킬레우스에 의해 살해된 헥토르와 파리스의 아버지다.

대감을 표출하고 전쟁을 벌였다. 그녀는 그를 상대로 책을 쓴 것에 그치지 않았다. 비문학적 무기로도 그를 공격했다. 그녀는 한동안 나폴레옹에 대항하는 연합이 결성되기 전에 황제 제거를 위해 음모를 꾸몄던 귀족 그리고 예수회 사람들과 감정을 공유했다. 그리고 진짜 마녀처럼 그녀는 황제의 파멸을 의도하며 모인 모든 음모가와 친구들, 즉 탈레랑,* 메테르니히,* 포초 디 보르고,* 캐슬레이 자작* 등으로 끓어오르는 마법 냄비 곁에 웅크리고 증오의 숟가락으로 온 세상의 불행이 요리되는 치명적인 냄

* 샤를 모리스 드 탈레랑-페리고르(Charles Maurice de Talleyrand-Périgord, 1754~1838) : 로마 가톨릭교회의 성직자이자 정치가다.

* 클레멘스 폰 메테르니히(Klemens von Metternich, 1773~1859) : 오스트리아의 정치인이자 외교관이다. 1809년 수상으로 취임한 그는 나폴레옹 몰락 이후 유럽의 질서를 과거로 되돌리는 빈 회의(1814)의 의장으로 활동했다.

* 샤를 앙드레 포초 디 보르고(Charles André Pozzo di Borgo, 1768~1842) : 코르시카의 정치가이자 외교관이다.

* 로버트 스튜어트, 캐슬레이 자작(Robert Stewart, Viscount Castlereagh, 1769~1822) : 영국의 정치가이자 외교관이다.

비를 휘저었다. 그리고 황제가 패배하자 스탈 부인은 의기양양하게 그녀의 책《독일에 관해서》를 들고 파리에 입성했다. 그녀의 책 삽화에 등장하는 수십만 명의 독일인들과 함께. 이처럼 살아 있는 인물들을 묘사했기 때문에 이 작품은 신빙성을 획득할 수 있었고 독자들도 눈으로 직접 저자가 독일과 독일의 미덕을 매우 충실하게 묘사했다는 걸 확인할 수 있었다. 책의 속표지에 있는 동판화를 한 번 보라. 늙은 도박꾼이자 평범한 사기꾼인 블뤼허*는 황제를 산 채로 잡으면 그를 칼로 베어 버리라는 일일명령을 내린 인물이다. 스탈 부인은 A. W. 폰 슐레겔도 파리로 데리고 왔다. 그는 독일의 순수함과 영웅성을 보여 주는 본보기였다. 마찬가지로 독일의 청결함을 보여 주는 차하리아스 베르너*가 뒤를 이었다. 그리고 그의 뒤로 팔레 루

* 겝하르트 레베레히트 폰 블뤼허(Gebhard Leberecht von Blücher, 1742~1819) : 프로이센의 야전 사령관이다. 라이프치히 전투(1813)와 워털루 전투(1815)에서 승리를 견인하며 나폴레옹의 몰락에 큰 공을 세운 인물이다.

* 차하리아스 베르너(Zacharias Werner, 1768~1823) : 독일의 시인이자 극작가다. 후일 개종하여 가톨릭 사제가 되었다.

아얄*에서 실오라기 하나 걸치지 않은 미녀들이 웃으며 뛰어간다. 당시 파리 시민들에게 소개된 독일 복장의 인물 중에는 괴레스,* 얀,* 에른스트 모리츠 아렌트*가 있었다. 역시 유명한 애국자 뵈르네*는 이 세 명의 유명한 반프랑스주의자에게 그의 책《멘젤, 반프랑스주의자》에서 사나운 사냥개 블러드하운드라는 이름을 붙여 주었다. 멘젤*은 일부 사람들이 믿는 것처럼 허구적 인물이 아닌

* 팔레 루아얄(Palais-Royal) : 프랑스 파리에 있는 건물로, 회랑으로 둘러싸인 정원이 특징이다.

* 요한 요제프 괴레스(Johann Joseph Görres, 1778~1848) : 독일의 작가이자 철학가다.

* 프리드리히 루트비히 얀(Friedrich Ludwig Jahn, 1778~1852) : 독일의 민족주의자로 나폴레옹에 맞서 해방전쟁에 참여한 인물이다.

* 에른스트 모리츠 아렌트(Ernst Moritz Arndt, 1769~1860) : 독일의 민족주의자이자 작가이며 역사학자다.

* 루트비히 뵈르네(Ludwig Börne, 1786~1837) : 유대계 독일 작가이며 정치 현실에 대한 날카로운 풍자 작가로 잘 알려져 있다. 하이네와 뵈르네는 앙가주망과 유대적 정체성 등에 대한 다른 관점으로 갈등 관계에 있었다. 특히 하이네의 《뵈르네 회상록(Ludwig Börne. Eine Denkschrift)》(1840)은 두 작가 간 갈등의 시발점이었다.

* 아돌프 프리드리히 에르트만 폰 멘젤(Adolph Friedrich Erdmann

실제로 슈투트가르트에 존재하거나, 아니면 매일 프랑스인 여섯 명을 도살하고 피부와 머리카락까지 삼켜 버리는 신문을 발행한 인물이다. 때때로 그는 입맛을 돋우기 위해 유대인도 먹어 치웠다. 하지만 지금 그는 더는 짖지 못한다. 이가 빠지고 옴에 걸린 그는 슈바벤 어느 서점의 휴지통 구석에서 뒹굴고 있다. 스탈 부인을 따라 파리에 온 모범적인 독일인들 중에는 프리드리히 폰 슐레겔도 있다. 그는 확실하게 미식의 금욕주의 또는 구운 닭고기의 유심론을 대표하는 인물이다. 그는 품위 있는 배우자이고 처녀 때 성이 멘델스존인 도로테아*와 도망친 두 명의 파이트를 데리고 왔다. 여기에서 이러한 부류에 속하는 또 다른 사례의 사람들, 말하자면 매우 특이한 슐레겔의 추종자

von Menzel, 1815~1905) : 독일의 화가이자 판화가이며 작가다.

* 그는 품위 있는 배우자이고~파이트를 데리고 왔다 : 도로테아 폰 슐레겔(Dorothea von Schlegel, 1764~1839)은 유대계 독일 철학가인 모제스 멘델스존(Moses Mendelssohn, 1729~1786)의 딸로 여류 작가이자 문학 비평가다. 도로테아는 유대계 은행가 지몬 파이트와 이혼한 후 프리드리히 슐레겔과 재혼하여 파리로 이주했고 두 아들, 요하네스 파이트와 필리프 파이트를 동행했다.

들을 놓치지 않고 소개해야만 할 것 같다. 그 사람은 독일 학문계를 파리에서 대표하도록 슐레겔이 추천한 남작이다. 그는 알토나 출신이고 한때 존경받는 이스라엘 가문의 일원이었다. 유다와 이스라엘의 왕인 다윗의 조상이자 데라의 아들 아브라함까지 거슬러 올라가는 그의 혈통은 그를 귀족으로 부를 만한 충분한 이유가 된다. 그는 유대교 회당을 떠난 사람이고, 마찬가지로 후에는 개신교 역시 멀리하고 공식적으로 단념했으며, 유일하게 구원을 주는 교회인 로마 가톨릭의 품에 안겼으므로 가톨릭 남작의 칭호를 당연하게 받아 마땅하다. 그는 봉건적 가치와 성직자의 이익을 지키기 위해 파리에 《가톨릭》*이라는 이름의 신문사를 만들었다. 이 신문뿐만 아니라 경건하고 기품 있는 귀부인의 살롱에서도 그 학식 있는 귀족은 부처에 대해 계속해서 이야기했고, 귀한 말씀 한마디만 들어도 그를 고귀한 사람으로 믿지 않을 수 없을 거라며 그런 부처가 두 명 있었다는 걸 입증하려 했다. 또한 그는 삼위일체 교리가 이미 인도의 트리무르티*에 존재한다면서 《라마

* 《가톨릭》 : 프랑스어 원문은 "Le catholique"이다.

야나》, 《마하바라타》, 《우파니샤드》, 암소 샤발라, 비슈바미트라 왕, 스노리의 《에다》, 그리고 발견되지 않은 화석들과 매머드의 뼈들에 관해 자세하게 설명해 주었다. 그는 진부하고 지루한 인물이었다. 그런데 그게 프랑스인들의 정신을 빼앗아 홀리게 했다. 그의 이야기는 끊임없이 부처로 돌아갔고 아마도 이 단어를 우스꽝스럽게 발음해서 그런지 경박한 프랑스인들은 결국 그를 부처 남작으로 불렀다. 바로 이런 이름의 그를 나는 1831년 파리에서 만났다. 사제처럼, 그리고 거의 유대교 회당에서 느낄 수 있는 엄숙한 태도로 자신의 박식함을 과시하던 그를 보면서 나는 골드스미스의 《웨이크필드의 목사》*에 등장하는 이상한 인물을 머릿속에 떠올렸다. 젠킨슨이라는 인물 같은데, 그는 학자를 만나면 마네토, 베로수스, 산추니아톤의 구절을 자랑스럽게 인용했다. 하지만 산스크리트어는 당시에는 아직 발견되기 전이었다. 여하튼 학자로서 이상적

* 트리무르티 : 세 신, 즉 시바, 비슈누, 브라흐마가 조화 속에 우주를 운행한다는 힌두교의 삼위일체 사상을 의미한다.

* 《웨이크필드의 목사(The Vicar of Wakefield)》 : 영국의 작가 올리버 골드스미스(Oliver Goldsmith, 1728~1766)가 1766년에 쓴 소설이다.

인 모습을 보인 이 독일 백작은 바로 나의 가련한 친구 프리드리히 드 라 모트 푸케*다. 그는 스탈 부인의 소장품 중 하나가 되어 로시난테를 타고 파리에 입성했다. 그는 머리부터 발끝까지 돈키호테였다. 그의 작품을 읽으면 세르반테스*를 존경하지 않을 수 없다.

그러나 스탈 부인을 추종하는 기사 중에는 어리석은 면에서 우리 독일 기사에 버금가는 갈리아 출신의 돈키호테가 많았다. 그녀의 친구이자 검은색 방울 모자를 쓴 바보 샤토브리앙 백작*이 그중 하나다. 그는 낭만주의가 활발하게 전개되던 시기에 성지순례를 다녀왔다. 그는 요르단 강의 강물을 매우 큰 물병에 담아 가져왔고 혁명 시기 동안 이교도가 된 동포들에게 이 성수로 세례를 주었다. 물

* 프리드리히 드 라 모트 푸케(Friedrich de la Motte Fouqué, 1777~1843) : 독일 낭만주의 작가이자 시인이다.

* 미겔 데 세르반테스(Miguel de Cervantes, 1547~1616) : 스페인의 소설가이자 시인이며 극작가다. 《돈키호테(Don Quixote)》(1605)로 유명하다.

* 샤토브리앙 백작(vicomte de François-René Chateaubriand, 1768~1848) : 프랑스의 낭만주의 작가이자 정치인이다.

로 적셔진 프랑스인들은 이제 진정한 기독교인이 되어 사탄과 사치를 멀리하고 세속에서 잃은 정복지들, 예를 들어 라인란트를 상실한 것에 대한 보상을 하늘나라에서 받았다. 그것 덕분에 내가 프로이센 사람이 되긴 했지만 말이다.

스탈 부인은 프랑스 정부가 백일천하* 때 그녀의 아버지에게 빚진 200만 프랑을 갚는다면 황제를 옹호하는 글을 쓰겠다고 제안했다는데, 사실인지는 모르겠다. 프랑스인의 피보다 돈을 더 아끼는 황제가 이 제안을 받아들이지 않았다고는 하지만, 알프스의 딸은 이것으로 프랑스 속담을 그대로 증명한 것이다.

"돈을 주지 않으면 스위스 용병도 없다."*

* 백일천하 : 1815년 3월 유배지인 엘바섬에서 다시 파리로 돌아온 나폴레옹이 그해 6월 다시 세인트헬레나섬으로 돌아가기까지 황제 자리에 머물렀던 100일을 말한다.

* 돈을 주지 않으면 스위스 용병도 없다 : 프랑스어 원문은 "point d'argent, point de Suisses"이다. 모든 것에는 대가가 필요하다는 의미다. 과거 프랑스, 스페인 등은 자주 스위스인을 용병으로 활용했다. 현재 바티칸 교황청의 근위병 역시 스위스 용병이다.

이 재능 많은 숙녀의 지지 제안은 당시 황제에게도 별로 도움이 되지 않았을 것이다. 곧 워털루 전쟁이 발발했기 때문이다.

나는 앞에서 이러한 사건들로 인해 내가 불행하게도 프로이센 사람이 되었다고 말했었다. 나는 지난 세기 마지막 해에 당시 팔츠 선제후가 지배하던 베르크 공국의 주도 뒤셀도르프에서 태어났다. 그런데 팔츠 가문은 바이에른 가문에 의해 몰락하고, 바이에른의 대공 막시밀리안 요제프가 황제에 의해 바이에른 왕으로 추대되면서 그의 왕국이 티롤 일부와 인접한 나라들로 확대되었으며, 바이에른 왕은 다시 베르크 공국을 황제의 처남인 조아킴 뮈라에게 양도했다. 그리고 뮈라는 인접한 속주가 자신의 공국 안으로 들어온 이후 대공*으로 추대되었다. 이처럼 당시의 왕위 승계는 매우 빠르게 이루어졌다. 황제는 다시 처남 뮈라를 나폴리의 왕으로 만들었고, 베르크 대공국의 주권

* 대공: 과거 신성로마제국에서 귀족 작위는 공작, 후작, 백작, 자작, 남작 등의 순으로 분류되었다. 대공(Großherzog)은 제후의 신분을 말하는데 종종 선제후(Kurfürst, 황제 선출권을 가진 제후)와 동급으로 간주되었다.

은 네덜란드의 왕 루이 보나파르트*와 아름다운 왕비 오르탕스 사이에서 태어난 장남이자 황제의 조카인 프랑수아 왕자에게 주어졌다. 이후 대공이 자리에서 물러나지 않은 상태에서 프로이센에 의해 점령된 공국은, 네덜란드의 왕이 죽은 후 아들, 즉 샤를 루이 나폴레옹 보나파르트 황태자에게 다시 넘어갔다. 그리고 그가 현재 프랑스인들의 황제이면서 나의 합법적인 군주가 된 것이다.

독자 여러분은 다른 곳, 즉 《회상록》에서 7월 혁명* 이후 파리로 이주하여 평화와 만족 속에 살고 있는 나의 이야기를 더 상세하게 읽을 수 있을 거다.* 내가 왕정복고*

* 나폴레옹 루이 보나파르트(Napoléon Louis Bonaparte, 1778~1846) : 황제 나폴레옹 1세의 동생이자 네덜란드 왕이고, 훗날 다시 프랑스 황제가 된 샤를 루이 나폴레옹 보나파르트 3세의 아버지다.

* 7월 혁명 : 프랑스에서는 큰 규모의 혁명이 여러 차례 일어났는데, 그중 대혁명(1789), 7월 혁명(1830), 2월 혁명(1848)이 프랑스 사회 변화에 특히 큰 영향을 끼쳤다.

* 독자 여러분은~읽을 수 있을 거다 : 《회상록》은 하이네의 유고작으로 주로 시인의 어린 시절과 청년기를 다루었으며 1884년에 처음 출판되었다.

* 왕정복고 : 나폴레옹 정권의 실각 이후 부르봉가 왕실이 복귀하여 세

시기 동안 무엇을 하고 어떤 고통을 겪었는지에 대한 이야기는 아무런 의심과 의혹을 받지 않을 시기가 되면 여러분에게 소개될 것이다. … 나는 많은 일을 했고 많은 고통을 받았다. 그리고 7월 혁명의 태양이 프랑스에서 떠오르자, 극도로 피곤해진 나는 쉬고 싶었다. 건강에 해로운 고향의 공기 때문에 나는 대기의 변화를 진지하게 고려해야만 했다. 나는 환영에 시달렸고, 온갖 무서운 표정의 구름은 나를 겁먹게 했다. 태양은 프로이센 휘장처럼 보였고, 밤이면 흉악한 모습의 검은 독수리가 내 간을 쪼아 먹는 꿈을 꾸었다. 매우 우울했던 시절이었다. 게다가 나는 슈판다우 요새*에서 수년간 복무했던 변호사를 알게 되었는

운 왕정 통치 시대(1814~1815) 그리고 재집권한 나폴레옹이 워털루 전쟁에서 패배한 후 다시 왕위에 올랐던 시기(1815~1830)를 말한다. 이후 7월 혁명이 일어나고 방계 가문인 루이 필리프의 7월 왕정(1830~1848)으로 이어졌다. 나폴레옹의 몰락 후 혁명 이전의 질서로 돌아가려는 시도는 프랑스뿐만 아니라 유럽의 여러 국가에서 나타난 공통 현상이었다. 특히 1815년 빈 회의 이후 유럽 각국은 왕정으로 복귀하고 자유주의의 확산을 억누르며 전통적 가치와 제도를 유지하려 했다. 진보적 성향의 지식인 하이네가 1831년 프랑스로 망명을 떠난 이유 역시 독일의 정치적 탄압과 사상 통제 등에 대한 분노에서 찾을 수 있다.

데, 그는 겨울이면 족쇄를 차는 게 여간 힘든 게 아니라는 이야기를 나에게 들려주었다. 족쇄를 약간이라도 데워 주지 않았다니, 정말 비기독교적이라는 생각이 들었다. 족쇄를 약간이라도 따뜻하게 해 준다면, 그렇게 불쾌한 느낌은 들지 않을 것이고, 추위에 떨더라도 잘 견딜 수 있을 것이다. 여기 이 나라에서처럼 사슬에 장미와 월계수 진액을 뿌려 준다면 얼마나 좋을까, 예방 조치가 될 텐데. 나는 그 변호사에게 슈판다우에서 자주 굴을 먹어 보았냐고 물었다. 그러자 그는 슈판다우가 바다에서 멀리 떨어져 있으므로 먹지 못했다고 대답했다. 그곳에서 고기는 귀하고 수프에 빠지는 파리 말고는 날짐승도 없다고 그는 말했다. 같은 시기에 나는 포도주 판매를 위해 여행 중이던 프랑스인 외판원도 알게 되었는데, 그는 파리에서 시간을 보내는 게 얼마나 즐거운지 침이 마르도록 떠들었다. 파리 하늘은 바이올린 켜는 소리로 가득하고, 아침부터 저녁까지 〈라 마르세예즈〉,* 〈앙 아방 마르숑〉,* 〈라파예트 오

* 슈판다우 요새(Festung Spandau) : 16세기 중후반에 세워졌으며 19세기 이후에는 교도소로 사용된 적이 있다.

슈브 블랑〉*을 부르는 노래를 들을 수 있으며, 거리 모퉁이마다 자유, 평등, 박애의 글자가 적혀 있다는 것이다. 이어 자기 집에서 만든 샴페인을 자랑하던 그는 나에게 주소가 적힌 다량의 명함을 주면서, 기분 전환을 위해 프랑스의 수도를 방문할 생각이 있다면 파리 최고의 레스토랑을 나에게 추천해 주겠다고 약속했다. 나는 실제로 기분 전환이 필요했고, 슈판다우는 바다에서 너무 멀어 굴을 먹을 수 없으며, 가금류로 만든 슈판다우의 수프는 별로 관심의 대상이 아니고, 게다가 겨울에 프로이센의 족쇄를 차면 너무 차가운 나머지 건강도 나빠질 수 있으므로, 샴페인과 〈라 마르세예즈〉의 본고장에서 샴페인을 즐기고 〈앙 아방 마르숑〉, 〈라파예트 오 슈브 블랑〉과 더불어 〈라 마르세예즈〉의 노래를 듣기 위해 파리에 가기로 결심했다.

그렇게 나는 1831년 5월 1일 라인강을 건넜다. 오래된

* 〈라 마르세예즈(La Marseillaise)〉 : 프랑스의 국가다.

* 〈앙 아방 마르숑(En avant marchons)〉 : "앞으로 나아가자"의 뜻으로 해석되는 행진곡이다.

* 〈라파예트 오 슈브 블랑(Lafayette aux cheveux blancs)〉 : "백발의 라파예트"로 번역되며 프랑스의 장군 라파예트를 찬양하는 노래다.

물의 신, 아버지 라인을 나는 쳐다보지 않았다. 명함을 강물에 던지는 것으로 나는 만족했다. 아버지 라인은 물속 깊은 곳에 앉아서 마이딩거의 《프랑스어 문법》* 책을 다시 공부하고 있다고 사람들이 말하는 걸 들은 적이 있다. 프로이센이 통치하는 동안 프랑스어 실력이 크게 뒤처져서 지금 다시 프랑스어를 연습하고 싶어 한다는 것이다. 그래서인지 저 밑에서 이렇게 말하는 소리를 들은 것만 같았다.

"나는 사랑하고, 너는 사랑하고, 그는 사랑하고, 우리는 사랑한다."*

누구를 사랑한다는 것일까? 프로이센은 절대 아닐 것이다. 멀리 스쳐 지나가는 슈트라스부르크의 대성당을 보았다. 충실한 노인 에크하르트*처럼 비너스 산으로 향하는

* 마이딩거의 《프랑스어 문법》 : 1785년 프랑크푸르트에서 간행된 마이딩거(Johann Valentin Meidinger)가 쓴 학습서다.

* 나는 사랑하고~우리는 사랑한다 : 프랑스어 원문은 "j'aime, tu aimes, il aime, nous aimons"이다. 동사 "aimer"의 인칭 변화를 연습한다는 것을 알 수 있다.

* 에크하르트 : 독일 낭만주의 작가 루트비히 티크(Ludwig Tieck, 1773

젊은이를 보고 고개를 끄덕이는 것 같았다.

생드니의 아침, 달콤한 잠에서 깨어난 나는 처음으로 여행 안내원이 외치는 소리를 들었다. 파리! 파리! 코코넛 장수의 방울 소리도 들렸다. 수평선에 모습을 드러낸 수도의 공기를 여기에서 벌써 마실 수 있었다. 품삯을 받고 고용된 불량한 모습의 노인 하나가 다가와서 왕의 무덤을 보라고 나를 꾀었지만, 나는 죽은 왕들을 보기 위해 프랑스에 온 게 아니었다. 그 지역의 전설에 대한 안내원의 설명만으로도 나는 만족스러웠다. 어느 사악한 이교도 왕이 성인 드니*의 목을 잘랐는데, 드니는 잘린 머리를 손으로 잡고 파리에서 생드니까지 달려가 그곳에 묻히고, 그곳의 이름을 자신의 이름을 따서 붙였다는 이야기였다. 이야기를 들려주던 사람은 거리를 생각하면 머리가 없는 사람이 발로 그렇게 멀리 걸을 수 있다는 게 기적이고 놀랄 수밖에 없다면서도 이상야릇한 미소를 지으며 말을 이었다.

~1853)의 작품 《충실한 에크하르트와 탄호이저(Der getreue Eckart und der Tannhäuser)》(1799)에 등장하는 인물이다.

* 생드니(Saint Denis) : 파리의 주교로 활동하다 순교한 성인으로 프랑스의 수호성인이다.

"이런 경우에는 첫걸음이 가장 중요하죠."*

그건 2프랑을 받아도 좋을 말이었다. 볼테르*를 존경하는 마음에서 나는 그에게 돈을 주었다. 20분 후 나는 파리 개선문에 도착했다. 루이 14세를 기리기 위해 세워진 생드니 대로의 개선문이 나의 파리 입성을 축하하는 것 같았다. 패션 잡지에 등장하는 사람들처럼 멋진 차림의 세련된 사람들이 많은 것에 나는 놀랐다. 아울러 그들 모두가 우리에게는 상류층의 상징으로 여겨지는 프랑스어를 쓰고 있는 것에 깊은 충격을 받았다. 독일 귀족만큼이나 이곳의 보통 사람들은 점잖았다. 남성들은 대부분 정중했고, 아름다운 여성들은 미소를 머금고 있었다. 실수로 나와 부딪히고 사과하지 않는 사람이 있다면, 그는 독일인일

* 이런 경우에는~중요하죠 : 프랑스어 원문은 "dans des cas pareils, il n'y a que le premier pas qui coute"이다. 어떤 일을 하는 데 시작은 어렵지만 이후에는 쉬워진다는 의미로 해석된다.

* 볼테르(Voltaire, 본명 François-Marie Arouet, 1694~1778) : 이신론을 주장하고 종교적 관용을 강조한 프랑스의 계몽주의 사상가이자 작가다. 하이네는 가톨릭교회의 미신과 권위에 대한 여행 안내원의 풍자를 암시하고 있다.

것이다. 또한 아름다운 여자가 매우 화난 듯 보인다면, 그녀는 사우어크라우트*를 먹었거나, 아니면 클롭슈토크*의 작품을 독일어 원문으로 읽은 사람일 것이다. 모든 게 흥미로웠다. 하늘은 푸르고 공기는 온화하며 너그러웠다. 여기저기에서 반짝이는 7월의 태양, 불꽃처럼 뜨거운 태양의 입맞춤에 아름다운 루테치아*의 뺨이 붉게 물들고, 그녀의 가슴에 있는 신부의 꽃다발은 아직 시들어 사라지지 않았다. 거리 여기저기에 흔적만 남아 있는 글자, 자유, 평등, 박애.* 나는 곧장 추천받은 레스토랑으로 갔다. 레스토랑 주인들은 다른 사람의 추천이 없더라도 나의 외모, 즉 정직하고 빼어난 모습이 어떤 사람이라는 걸 알려 주기 때문에 어디에서든 내가 환영받을 거라고 확신해 주었다. 그런데 독일의 요리사는 만일 그런 생각을 했다고 하더라

* 사우어크라우트 : 소금에 절여 발효한 양배추를 말한다.

* 프리드리히 고틀리프 클롭슈토크(Friedrich Gottlieb Klopstock, 1724~1803) : 독일의 시인이다.

* 루테치아 : 파리의 옛 이름이다.

* 자유, 평등, 박애 : 프랑스어 원문은 'liberté, egalité, fraternité'이다.

도 나에게 그런 걸 말하지 않는다. 염치없는 그 녀석들은 좋고 즐거운 것은 말하지 말아야 한다고 생각하고, 독일적인 솔직함 때문에 역겨운 말만 한다. 관습도 그렇지만, 프랑스어에는 매우 유쾌한 감정을 유발하는 아첨의 말들이 많이 들어 있다. 크게 애쓰지 않아도 유익하고 사람의 기분을 좋게 만드는 아첨의 말이 바로 그것이다. 거칠고 꼴사나운 애국심 때문에 꽁꽁 묶여 있던 가난하고 예민한 나의 영혼이 사람을 기분 좋게 만들어 주는 도시적 분위기의 프랑스어로 인해 다시 활짝 열렸다. 신이 우리에게 혀를 주어 말을 하게 한 것은 주위 사람들과 온화하게 좋은 말을 하라는 의도였다.

파리에 도착했을 때 나의 프랑스어 실력은 매우 어설펐다. 하지만 30분 정도 오페라 거리에서 꽃을 파는 소녀와 대화를 나누고 나니 워털루 전쟁 이후로 녹슬었던 프랑스어가 다시 물 흐르듯 유창해졌다. 나는 매우 우아한 프랑스어 동사 활용을 시도하며 소녀에게 꽃을 수술에 따라 분류하는 린네* 분류법을 꽤 상세하게 설명해 주었다. 그런

* 카를 폰 린네(Carl von Linné, 1707～1778) : 스웨덴의 식물학자다.

데 소녀는 다른 방식을 썼다. 좋은 향기가 나는 꽃과 나쁜 향기의 꽃. 소녀는 이런 분류 방식으로 남성들도 관찰했다. 그녀는 비교적 젊은 나이에도 내가 많은 것을 알고 있다는 사실에 놀란 것 같았다. 그러면서 오페라 거리 곳곳을 돌아다니며 유식한 나에 관한 이야기를 나팔로 알리듯 큰 소리로 말하고 다녔다. 나는 여기에서도 아첨의 좋은 향기를 즐길 수 있었다. 만족한 나는 크게 웃었다. 나는 꽃 사이를 걸었고, 크게 벌린 입으로 구운 비둘기를 삼켰다. 파리에 도착했을 때 흥미로운 것들이 얼마나 많았던가! 대중에게는 오락거리이고 공공연한 웃음거리로 전락한 유명 인사들. 가장 재미있는 프랑스인들은 매우 진지한 사람일 것이다. 앵발리드 궁전에서 나는 아르날, 부페, 데자제, 드뷔로, 오드리, 마드무아젤 조르주,* 그리고 거대한 마마이트*를 보았고, 시체 공시장과 무연고 시체들을 전시한 프랑스 학술원을 방문했으며, 프랑스 파라오 왕조

* 아르날~마드무아젤 조르주 : 주로 19세기 프랑스에서 활동하던 유명 배우들의 이름이다.

* 마마이트 : 덮개가 있는 불룩한 모양의 냄비를 뜻하며 나폴레옹 1세의 붉은색 석관을 은유적으로 가리킨다.

에 거짓 맹세를 했던 자들의 미라가 즐비한 뤽상부르 공원을 걸었다.* 파리 식물원에는 기린과 다리가 셋 달린 염소가 있었다. 특히 재미있었던 건 캥거루였다. 라파예트도 보았다. 백발의 그는 아름다운 여성의 목에 걸린 펜던트 안에 있었다. 두 세계의 영웅인 그는 옛 프랑스인들이 쓰던 갈색 가발을 쓰고 있었다. 왕립 도서관에도 갔다. 방금 도난당한 펜던트를 관리하던 학예사와 어둑어둑한 복도에서 한때 세인의 큰 관심을 끌었던 덴데라의 조디악*을, 그리고 메로빙거 시대의 가장 유명한 미인인 레카미에 부인과 그녀가 아주 오래전부터 늘 데리고 다녔고, 또한 그녀의 미덕을 증명하던 발랑슈를 보았다. 아쉽게도 나를 즐겁게 해 주었을 샤토브리앙*은 보지 못했다. 대신 아카데미 드 라 그랑드 쇼미에르*에서 불같이 화난 순간의 신

* 뤽상부르 공원(Jardin du Luxemburg)에는 역대 왕족, 정치인, 문인 등의 동상 및 조각상들이 곳곳에 자리하고 있다.

* 덴데라의 조디악 : 별자리의 움직임을 기록한 고대 이집트의 부조로 현재 파리 루브르 박물관에 있다.

* 프랑수아-르네 드 샤토브리앙(François-René de Chateaubriand, 1768~1848) : 프랑스의 작가, 역사가, 정치가다.

부 라히르의 초상화를 보았다. 그는 하얀색 조끼를 활짝 풀어 헤치고 앉은 로베스피에르파 두 젊은이의 옷깃을 잡아 일으켜 문 앞에 앉혔고, 쥐처럼 두려움에 떨던 생쥐스트를 그들이 있는 곳으로 던졌다. 인권 침해의 문제라고 비난하던 라틴 지역의 몇몇 시민들도 같은 운명을 맞이했을 것이다.* 또 다른 곳에서 나는 가죽 상인이기도 한 시카르가 캉캉을 추는 걸 보았다. 건장한 체구의 붉게 달아오른 그의 얼굴은 눈이 부시도록 하얀 넥타이와 멋진 대조를 이루었다. 그의 몸동작은 장미에 왕관을 씌우려는 시장의 보좌관처럼 경직되고 진지했다. 춤에 감탄한 나는 그에게 그 춤은 디오니소스 축제 때 추었던 고대의 실레노스, 즉 바쿠스의 훌륭한 스승 실레노스의 이름을 따서 명

* 아카데미 드 라 그랑드 쇼미에르(Académie de la Grande Chaumiere) : 파리의 사설 미술학교다.

* 1789년 프랑스 대혁명 이후 자코뱅파 로베스피에르가 주도한 숙청과 공포정치의 가혹함에 반발하여 지롱드파가 1794년 7월 27일에 소위 "테르미도르의 반동" 사건을 일으켰다. 이 사건으로 로베스피에르, 오귀스탱, 생쥐스트, 쿠통 등 공포정치의 주역들이 체포되어 처형되었다.

명한 춤과 비슷하다고 말해 주었다. 그러자 시카르 씨는 나의 박식함을 칭찬하면서 지인인 몇몇 여성들을 나에게 소개했다. 그들 역시 나의 해박함을 높이 평가했는데, 이런 식으로 나의 명성은 곧 파리 전체에 퍼지고 잡지사의 편집자들이 협력을 요청하기 위해 나를 찾아오기도 했다.

파리 도착 직후 내가 만난 사람 중에 빅토르 보앵이 있었다. 그는 독일 몽상가의 이마에서 어두운 구름을 걷어내고 우울한 내면을 프랑스의 유쾌한 삶으로 채우는 데 고맙게도 여러 도움을 준 사람이었다. 그래서 나는 유쾌하고 재치 있는 그를 기억할 때면 즐거워진다. 당시 《유럽 문학》의 편집장이었던 그는 나를 방문하여 스탈 부인이 쓴 것과 같은 형태의 독일에 관한 글들을 그의 잡지에 기고해 달라고 요청했다. 나는 글을 써서 주겠다고 약속했다. 하지만 스탈 부인과는 다른 형태의 글을 쓰겠다고 분명히 말했다.

"상관없습니다. 지루하지만 않다면 볼테르가 그랬듯이 어떤 형태도 좋습니다."

이렇게 그는 웃으며 대답했다. 그리고 내가 권태로움에 빠지지 않도록 친구 보앵은 자주 나를 식사에 초대해 나의 내면을 샴페인으로 적셨다. 훌륭한 요리뿐만 아니라 즐겁게 여흥을 즐기는 식사 자리를 그보다 더 잘 마련할 수 있는 사람은 없을 것이고, 손님을 초대해 대접하는 사람으로서 그보다 더 명예를 잘 지켜 나갈 수 있는 사람은 없을 것이며, 그보다 더 자신의 신분에 잘 어울리게 행동하는 사람은 없을 거다. 그는《유럽 문학》의 주주들에게 잡지사를 대표하는 대가로 당당하게 10만 프랑을 요구했던 사람이었다. 그는 지지라는 이름의 귀여운 그레이하운드 강아지를 키우는 아름다운 아내와 살고 있었고, 나무로 만든 그의 의족조차도 그의 유머 감각에 도움이 되었다. 이를테면 손님들에게 친절하게 샴페인을 따라 주기 위해 테이블 주위를 절뚝이며 돌아다니는 그의 모습은 불카누스,* 즉 환호성이 난무하는 신들의 모임에서 헤베*의 역할을 대신하는 신처럼 보였다. 그는 지금 어디에 있는가? 나는 오랫동안 그의 소식을 듣지 못했다. 내가 그를 마지막으로 본 것은 대략 10년 전 그랑빌의 한 여관이었다. 그는 막대한 국가 채무를 연구하기 위해 머물렀던 영국에서 돌아

* 불카누스 : 로마 신화에 등장하는 불과 대장일의 신이다.

* 헤베 : 그리스 신화에 등장하는 여신으로 올림포스의 신들에게 술을 따르는 역할을 한다.

왔고, 동시에 이 기회를 통해 자신의 개인적 부채를 잊기 위해 바스노르망디의 바로 그 작은 항구 도시에 하루 정도 머물 것이라고 했다. 작은 테이블에 샴페인 한 병을 올려놓은 그는 좁은 이마와 벌어진 입의 속물처럼 보이는 건장한 체구의 사람 옆에서 사업 계획을 설명하고 있었다. 보앵의 웅변술로 이미 증명됐듯이, 그것은 100만 프랑을 벌 수 있는 사업이었다. 보앵은 투기에 관해서라면 탁월한 감각의 소유자였다. 사업을 구상할 때면 그는 늘 100만 프랑의 이익을 눈앞에 두고 있었다. 그 이하는 절대 없었다. 그래서 친구들은 그를 100만 씨로 불렀다. 동방에서 돌아온 마르코 폴로가 산마르코 광장에서 고향 사람들에게 중국, 타타르, 인도 등의 나라에서 보았던 수백만 개의 사물들과 수백만 명의 사람들에 관한 이야기를 들려줄 때 감탄하며 입을 다물지 못하던 고향 사람들이 붙여 준 바로 그 이름이다. 현대 지리학은 오랫동안 허풍선이로 여겨졌던 유명한 베네치아 사람의 명예를 다시 회복해 주었는데, 우리도 파리의 100만 씨에 대해서 그렇게 말할 수 있을 것이다. 말하자면 그의 사업 계획은 늘 훌륭하게 구상되었지만, 실행 과정 중 일어난 우연한 것들로 실패했을 뿐이라고 주장하는 것이다. 사업의 명예나 자신의 가치를 드높이는 데 그다지 출중한 재능이 없는 사람들이 보앵과 같은 사람들의 손에 놓였을 때 비로소 큰 이익이 창출되는 법이다. 그의 《유럽 문학》은 정말 기발한 구상이었다. 그런데 확실한 성공 예상에도 불구하고 그는 실패하고 말았으니, 그게 이해가 안 된다. 사업이 악화되기 직전 전날 저녁 보앵은 잡지사의 편집 홀에서 멋진 무도회를 열어 300명의 주주와 춤을 추었다. 과거 레오니다스가 300명의 스파르타 전사와 테르모필레 전투* 전날 춤을 추었던 것처럼. 루브르 박물관에서 고대 영웅들의 활약상을 묘사한 다비드*의 그림을 볼 때마다 나는 보앵의 무도회를 머리에 떠올린다. 다비드의 그림 속 죽음을 무릅쓴 용감한 왕처럼 그는 그림 속 그 고전적인 자세 그대로 한쪽 다리에 몸을 싣고 서 있었다—여행자여! 파리의 화려한 쇼세 당탱 거리를 따라 걷다가 바스 뒤 랑파르로 불리는 지저분한 계곡

* 테르모필레 전투 : 그리스 중동부의 지역인 테르모필레에서 기원전 480년경 그리스와 페르시아가 전쟁을 벌였다. 스파르타의 왕 레오니다스는 이 전투에서 300명의 전사들을 이끌고 페르시아 대군에 맞서 싸웠다.

* 자크-루이 다비드(Jacques-Louis David, 1748~1825) : 프랑스의 화가이며 나폴레옹에 의해 궁정 화가로 임명되기도 했다.

끝에 이르면, 그곳이 바로 보앵이 영웅답게 300명의 주주와 함께 쓰러진 《유럽 문학》이 있는 테르모필레 앞이라는 걸 알아 두시길!

이 잡지사에 기고하고 발표했던 글들은 내가 독일과 그 정신적 발전 상황에 관해 폭넓게 이야기하는 데 자극제가 되었다. 또한 그 덕분에 독자 여러분의 손에 이 책이 들려 있는 것이다. 내가 원했던 것은 책의 목적과 경향, 그리고 은밀한 의도뿐만 아니라 이 책이 태어난 기원까지 밝히는 것이었다. 그래야 모든 독자가 내가 전달하는 이야기들이 믿고 신뢰할 만한지 더 분명하게 판단할 수 있기 때문이다. 나는 스탈 부인의 글쓰기 방식대로 글을 쓰지 않았다. 가능한 한 지루한 글이 되지 않도록 노력하긴 했지만, 그런데도 나는 제국 시기 동안 프랑스에서 가장 위대한 여류 작가였던 스탈 부인에게서 두드러지게 나타나는 문체라든지 문구 모두를 이 책에서 선제적으로 단념했다. 그렇다. 《코린느》*를 쓴 그녀를 나는 동시대 작가들을 뛰어넘

* 《코린느(Corinne)》 : 스탈 부인의 대표작 중 하나로 1807년에 발표되었다.

는 작가라고 생각한다. 아울러 그녀의 서술에서 뿜어져 나오는 불꽃놀이에 나는 놀라지 않을 수 없었다. 그러나 이 불꽃놀이는 악취를 풍기고 어두운 구석을 남겼다. 그래서 우리는 천재는 성별이 없다는 스탈 부인의 주장이 틀린 것을 인정해야만 한다. 그녀가 말한 천재란 우선은 여성이고 결함이 많고 감정 기복이 심한 사람이다. 이런 천재의 화려한 캉캉에 맞서는 것이 남자인 나의 의무라고 생각한다. 그녀의 책 《독일에 관해서》가 프랑스인들에게는 알려지지 않았고, 그래서 더욱 참신한 매력을 지닌 대상, 예컨대 독일 철학이라든지 낭만파를 다루었기 때문에 나의 의무는 더욱더 필연적이다. 특히 나는 독일 철학에 관해 솔직하게 이야기했다고 생각한다. 처음 글을 쓰던 당시에는 믿을 수 없고 이해할 수 없는 내용으로 보일지 모른다고 염려했지만, 시간은 그것이 그렇지 않다는 걸 확인해 주었다.

독일 철학과 관련해서, 나는 비밀, 즉 학문적 상투어로 포장되고 상류층의 선택받은 이들만 아는 것을 숨김없이 털어놓았다. 나의 폭로는 이곳 사람들을 매우 놀라게 했다. 저명한 프랑스의 사상가들은 나에게 이렇게 고백한 적이 있다. 독일 철학은 신비로운 안개와 같아서 그 성스러운 구름의 성안에 신이 숨겨져 있는 것 같고, 그래서 독일 철학자들을 경건하고 신에 대한 두려움의 황홀경에 빠진 예언자로 믿었다는 것이다. 그런데 독일에서 그런 일은 일어나지 않았다. 물론 내 잘못은 아니겠지만, 독일 철학은 우리가 이제까지 경건함과 신에 대한 경외심으로 불렀던 것과 정반대이며, 독일의 현대 철학자들은 가장 완벽한 무신론을 독일 철학의 핵심어로 선언했다. 그들은 무자비하고 술에 취한 듯이 흥청거리며 독일의 하늘에 드리워진 푸른 장막을 찢으며 소리 질렀다.

"보라, 신들이 모두 도망쳤다. 저기 위에는 납처럼 무거운 손과 슬픔에 찌든 늙은 처녀만 앉아 있다. 필연성뿐이다."

아! 그때는 그토록 낯설게 들렸던 설교가 이제 라인강 건너편 모든 지붕 위에서 울려 퍼지고 있구나. 설교자 중 많은 이의 광신적인 열정이 놀랍다! 이제 우리는 광신적인 무신론의 수도사들, 모순되게도 내면은 완고한 이신론자인 볼테르 씨를 화형에 처했을 불신앙의 대심문관을 가지고 있다. 그러나 그런 교리는 지금도 재치 있는 귀족의 비밀로 남아 있고, 우리가 가벼운 저녁 식사를 즐기며 신을 모독할 때 우리 뒤에서 대기하던 하인들이 알아듣지 못할 우아한 패거리만의 언어로 취급되고 있다. 나 역시 오랫동안 자유로운 사고를 좋아하는 경박한 이들의 무리에

속해 있었다. 그들 대부분은 혁명 직전 새로운 혁명 이념으로 궁정 생활의 지루함을 달래려는 자유주의 성향의 우아하고 세련된 신사들이었다. 하지만 폭도 안하겔이 밀랍 양초와 촛대 대신 기름 양초와 어유 램프로 밝힌 지저분한 술자리에서 같은 주제를 다루기 시작하고, 기름 밴 옷의 구두 수선공과 수습 재단사들이 서툴고 비속한 말로 신의 존재를 부정하기 시작하며, 무신론과 더불어 치즈와 브랜디, 그리고 담배 냄새가 코를 찌르기 시작했을 때, 나의 눈이 갑자기 떠졌다. 이성으로 파악하지 못했던 것을 이제 후각과 혐오의 불편한 감정으로 알게 된 것이다. 다행스럽게도 나의 이신론*은 이것으로 종말을 맞이했다.

솔직하게 말하자면, 내가 불신자들을 싫어하고 그들에게서 등을 돌린 건 혐오 때문만은 아닐 거다. 여기에는 극복할 수 없는 어떤 세속적인 염려도 있었다. 말하자면 무신론은 끔찍할 정도로 치부를 다 드러내는 공동체적 공산

* 이신론 : 18세기 계몽주의 시대에 등장한 신학 이론으로 인간 이성으로 신의 존재와 만물의 원리를 파악할 수 있다고 주장한다. 그러나 신을 초월적 존재이자 만물의 창조주로 본다는 점에서 유신론과 근본적으로 다르지 않다.

주의와 다소 은밀한 동맹 관계에 있다고 나는 생각했다. 그렇다고 재산을 잃을까 벌벌 떠는 벼락부자의 두려움이라든가 착취를 기반으로 하는 사업이 방해받을까 두려워하는 부유한 상인의 짜증 같은 것으로 공산주의에 대한 나의 혐오를 생각해서는 안 된다. 그것보다는 수 세기에 걸쳐 힘겹게 일구었고 우리 선조들이 기울인 고귀한 노력의 결실인 현대 문명 전체가 공산주의의 승리로 위협받는다고 생각하는 예술가와 학자들의 은밀한 두려움이 나를 우울하게 만든다. 대담한 의식의 흐름에 휘둘린 나머지 예술과 학문, 그리고 개별적이고 특별한 이익이 고통받고 억압받는 사람들의 공동 이익을 위해 희생될 수도 있다는 것이다. 어떤 이는 인민이라고 부르고, 다른 이들은 천민이라고 부르며, 오래전에 이미 합법적인 주권자로 선포된 이 거대하고 거친 대중이 실제로 권력을 손에 넣으면 어떤 상황이 벌어지게 되는지, 그 두려움을 결코 숨길 수 없을 것이다. 무능한 통치자가 정권을 잡으면 시인은 특히 극심한 공포에 시달린다. 우리는 기꺼이 인민을 위해 희생하려 한다. 자기희생은 우리의 세련된 즐거움 중 하나이기 때문이다. 인민의 해방은 우리 삶의 큰 과제이며 그것을 위해 우리는 싸우고 고향에서든 망명 생활에서든 이루 말할 수 없는 비참함을 견뎌 냈다. 그러나 시인의 순수하고 예민한 본성은 인민과의 개인적 접촉을 거부한다. 게다가 인민이 애무한다고 생각하면 시인의 몸은 더욱 움츠러든다. 신이여 그들에게서 우리를 지켜 주소서! 언젠가 어떤 위대한 민주주의자가 이렇게 말했다.

"만일 왕이 악수한다면, 나는 다시 깨끗이 되기 위해 곧바로 내 손을 불에 던질 것이다."

나 역시 그렇게 말하고 싶다.

"주권자인 인민이 악수하며 나를 존경한다면, 나는 손을 씻을 것이다."

오 민중, 누더기 차림의 가련한 왕, 비잔틴과 베르사유의 신하들보다 더 파렴치한 신하들이 왕의 머리 위에 얹힌 향로를 두들기며 끊임없이 그의 탁월함과 미덕을 칭송하고 열광적으로 외친다. 민중이 얼마나 아름다운가! 얼마나 선량한가! 얼마나 똑똑한가! 그러나 그건 거짓말. 가련한 민중은 아름답지 않다. 반대로 매우 추하다. 이 추함은 더러움에서 비롯된 것이다. 공중목욕탕을 지어 고귀한 민중이 무료로 목욕할 수 있다면 그 추함과 더불어 민중은 사라질 것이다. 비누 한 개면 족하리라. 그러면 몸을 씻어 아름답고 깨끗하게 된 민중을 다시 볼 것이다. 선함을 칭찬하지만, 민중은 전혀 선하지 않다. 때때로 민중은 우리가 알고 있는 몇몇 권력자만큼이나 사악하다. 그 사악함은 굶주림에서 비롯되었으니, 주권자인 민중이 굶지 않도록 늘 신경 써야 한다. 제때 먹고 배부르면 민중은 다른 이들처럼 자비롭고 은혜로운 모습으로 미소 지을 것이다. 또한 고귀한 몸이신 민중은 똑똑하지 않다. 다른 이들보다 더 멍청한 민중은 짐승처럼 멍청하다. 열심히 전문어를 사용하며 시끄럽게 떠드는 사람은 사랑과 신뢰를 얻을 수 있지만, 누군가를 계몽시키고 고상한 인격을 쌓기 위해 이성의 언어를 사용하는 선한 사람은 그렇지 않다. 증오의 대상이 된다. 그건 파리에서 그랬고, 예루살렘에서도 그랬다. 민중이 가장 정의로운 사람과 가장 혐오스러운 강도 중 누구를 선택하는지 놔두어 보자. 민중은 이렇게 외칠 게 뻔하다.

"우린 바르나바*를 원한다! 바르나바 만세!"

잘못된 언행의 원인은 무지다. 이런 국가적 악을 근절하기 위해 교육 외에도 버터 바른 빵과 그 밖의 식료품을

* 바르나바 : 하이네는 바르나바(Barnabas)와 바라바(Barabbas)를 혼동했다. 바르나바는 《신약성경》 〈사도행전〉에 등장하는 순교 성인이며, 바라바는 예루살렘의 선동가이자 살인범으로 예수 대신 유월절 특사로 군중의 선택을 받아 석방되었다.

무료로 제공하는 공립학교를 지어야 한다. 그래서 민중 모두가 자유롭게 원하는 지식을 습득할 수 있다면, 모두가 지적인 사람이 될 것이다. 어쩌면 우리처럼, 즉 나와 당신, 친애하는 독자 여러분처럼 그들도 결국에는 교양 있고, 재치 있으며, 총명해질 것이다. 그래서 툴루즈의 자스민 씨*처럼 시를 쓸 줄 아는 교양 있는 미용사가 등장하고 나와 동족인 저명한 바이틀링*처럼 심각한 내용의 책을 쓰며 철학적 사고에 능한 재단사가 많아질 것이다. 그런데 이 유명한 바이틀링의 이름을 언급하다 보니 갑자기 내 마음이 우스꽝스러울 정도로 무거워진다. 당시의 이 영웅과 처음이자 마지막으로 만났던 순간이 머리에 떠오르기 때문이다. 하늘의 성 높은 곳에서 모든 걸 굽어보시는 착한 주님은 함부르크에 있는 내 친구 캄페의 서점에서 그 유명한 수습 재단사가 내게 다가와 자신을 나처럼 혁명적이고 무신론적 신조를 고백하는 동지라고 소개할 때 짜증

* 자크 자스민(Jacques Jasmin, 1798~1864) : 프랑스의 시인이다.

* 빌헬름 바이틀링(Wilhelm Weitling, 1808~1871) : 독일의 초기 사회주의자, 공산주의 이론가, 작가, 언론인이며 수습 재단사로도 활동했다.

이 난 내 모습을 보시고 크게 웃으셨을 것이다. 그 순간, 나는 신이 존재하지 않았으면 좋을 거라고 생각했다. 그런 깨끗한 동지 의식 때문에 내가 겪은 당혹감과 부끄러움을 보지 못했을 것 아닌가! 만일 선하신 주님이 신을 믿지 않는 그 매듭 장인의 장인다운 인사와 그와의 동지적 관계에서 내가 느꼈던 굴욕감을 고려하신다면 과거에 내가 저지른 모든 잘못을 진심으로 용서하실 거다. 나의 자존심을 가장 상하게 만든 것은 그가 나를 도무지 존중할 생각이 없었다는 점이다. 내가 그의 앞에 서 있는 동안 모자를 벗지 않은 채 작은 나무 의자에 앉은 그는 한 손으로 오므린 오른쪽 다리를 턱이 무릎에 닿을 정도로 높이 들어 올리고 다른 손으로 발목 위를 계속해서 문지르고 있었다. 처음에 나는 이런 무례한 자세가 그 남자의 직업적 습관에서 비롯된 것으로 생각했지만, 계속해서 그가 다리를 문지르자, 나는 그렇게 하는 이유가 뭐냐고 물었다. 그는 나에게 가르치듯이 대답했다. 그것도 아주 태연하고 무관심한 어조로, 마치 당연한 일인 것처럼, 그는 독일의 여러 감옥에 수감되었고 대개는 쇠사슬을 차고 있었는데, 쇠사슬로 꽉 조였던 다리 부위가 계속 가려워서 문지르지 않을 수 없다는 이야기였다. 이 순진한 고백을 듣고 있는 저자의 모습은 《이솝 우화》에 등장하는 늑대, 즉 친구인 개에게 왜 목의 털이 닳았는지 묻자, 밤이면 사람들이 그의 목을 사슬로 묶는다고 대답하는 개를 바라보는 늑대의 모습과 비슷할 것이다. 고백하건대, 나는 재단사가 역겹게도 친밀한 표정으로 독일 교도관들이 구덩이 속의 그를 괴롭히며 채웠던 사슬에 관해 말할 때 한 발짝 뒤로 물러섰다.

"구덩이! 교도관! 사슬!"

그건 폐쇄적 사회에서 패거리들이 쓰는 단어로 나에게 친숙하게 들렸다. 그건 지금 온 세상이 몸에 착용하고, 또한 예절에 전혀 어긋나지 않으며, 심지어 품위 있는 사람들 사이에서 유행이 된 은유적 의미의 사슬을 말하는 것이 아니다. 전혀 그렇지 않다. 사슬은 폐쇄적 사회의 구성원들에게는 변하지 않는 어떤 것을 의미한다. 즉 다리를 쇠로 만든 고리로 고정하는 도구로서의 사슬이다. 나는 재단사 바이틀링이 그런 사슬에 관한 이야기를 할 때 몇 걸음 뒤로 물러섰다. '함께 가면, 함께 교수형 당한다!'라는 속담 때문이 아니라 나란히 교수형에 당하는 게 두려웠기 때문이다.

지금은 실종된 사람인 바이틀링은 여하튼 재주가 많은 자였다. 그는 사고력이 깊고 풍부했으며, 그의 책 《사회보장론》은 오랫동안 독일 공산주의자들의 교리문답서가 되었다. 그래서인지 최근 몇 년 동안 독일에서 후자의 수는 엄청나게 늘었고, 현재 라인강 건너편에서 그들의 정당은 의심할 여지 없이 강력한 정당 중 하나가 되었다. 이 불신자들의 핵심은 수공업자들이다. 그들 사이에는 엄격한 규율이 존재하지 않지만, 교리 측면에서 그들은 매우 훌륭하게 훈련된 사람들이다. 이 독일 수공업자들 대부분은 극단적으로 무신론을 표방한다. 그러나 그들은 자신의 원칙과 어긋나 무기력한 상태에 빠지지 않기 위해 신을 반대하는 견해를 어쩔 수 없이 따라야만 하는 운명에 처해 있다. 이런 파괴의 무리, 도끼로 사회 구조 전체를 위협하는 이 참호병들은 다른 나라의 평준화론자와 혁명가들보다 훨씬 뛰어나다. 그들이 신봉하는 교리가 끔찍할 정도로 일관적이기 때문이다. 폴로니어스가 말했듯이, 그들을 추동하는 광기 안에는 방법이 있다.*

나의 책《독일에 관해서》에서 오래전에 예측한 그들의 업적, 즉 그 끔찍한 현상들이 나중에 실제로 일어났다는

* 광기 안에는 방법이 있다 : 셰익스피어의《햄릿》에서 클로디어스 왕의 충신 폴로니어스는 광기 들린 사람처럼 행동하는 햄릿을 의심하며 그에게 어떤 목적이나 계획이 있을 것으로 추측한다.

사실은 그렇게 중요하지 않다. 나는 독일에서 어떤 노래가 휘파람으로 불릴지 쉽게 예측했다. 왜냐하면 후에 새로운 창법으로 노래할 새들이 알을 깨고 나오는 걸 보았기 때문이다. 나는 진지하면서도 익살스러운 표정으로 치명적인 알들을 품고 있는 암탉처럼 헤겔*이 연거푸 꼬끼오 하고 우는 것을 보고 들었다. 솔직하게 말해서 나는 그 울음소리가 무엇을 의미하는지 알 수 없었다. 이해하려면 곰곰이 생각해야만 했다. 헤겔은 이해받고 싶어 하는 사람 같지 않았다. 그의 말이 너무 복잡했기 때문이다. 아마도 이해하지 못하는 사람들을 그는 선호했을 것이다. 그리고 그들에게만 그와 친밀하게 만나고 사귀는 영광을 허락했을 것이다. 그래서 베를린 사람 모두는 깊은 사색을 즐기는 헤겔과 평판 높고 기자들도 칭찬하는 자코모 마이어베어*의 동생으로 이미 고인이 된 하인리히 비어가 친

* 게오르크 빌헬름 프리드리히 헤겔(Georg Wilhelm Friedrich Hegel, 1770~1831) : 독일의 철학가로 칸트에서 시작한 관념론 철학의 완성자로 평가받는다.

* 자코모 마이어베어(Giacomo Meyerbeer, 1791~1864) : 독일의 오페라 작곡가다.

밀한 관계였다는 사실에 놀라워했다. 비어, 즉 하인리히는 정말 변변찮은 친구였다. 그는 가족들로부터 바보로 취급되고 일상과 행위를 강압적으로 통제받았던 사람이었다. 그는 막대한 재산을 가지고 예술이나 학문 분야에서 명성을 얻는 대신 지팡이 하나에 6000탈러를 쓰는 등의 멍청하고 엉뚱한 것에 재산을 탕진했다. 위대한 비극작가나 위대한 점성가도 아니고, 월계관을 쓴 음악 천재가 되어 모차르트와 로시니의 경쟁자로 인정받는 것도 원하지 않은 이 가련한 친구는 고작 산책용 지팡이를 사는 데 돈을 쓰는 걸 좋아한 것이다. 여하튼 가문의 돌연변이 비어는 헤겔과의 친밀한 교제를 즐겼다. 그는 철학자의 측근이자 친구로서 그림자처럼 어디든 그를 따라다녔다. 재능과 기지를 모두 갖춘 펠릭스 멘델스존은 이런 관계를 관찰하며 헤겔이 언젠가는 하인리히 비어를 이해하지 못하는 날이 올 거라고 주장했다. 그러나 나는 그 친밀한 만남의 진정한 원인은 헤겔에게, 즉 하인리히 비어가 철학가의 말을 전혀 이해하지 못한다는 그의 확신에 있다고 생각한다. 그는 비어 앞에서 순간적으로 떠오르는 생각들을 주저하지 않고 표출할 수 있었다. 헤겔의 말은 대체로 독백의 형태였다. 간헐적으로 읊조린다 해도 그의 목소리는 울림이 없었다. 그러나 헤겔이 구사하는 역동적이고 강렬한 느낌의 바로크적 화법은 때때로 내 마음을 감동에 젖게 했다. 지금도 기억 속에 남은 표현들이 있다. 어느 아름답고 별이 빛나던 저녁이었다. 우리 두 사람은 나란히 창가에 서 있었다. 그리고 나, 훌륭한 식사를 방금 마친 22세의 청년은 커피를 마시고, 별에 대해 열광적으로 이야기하며 별을 축복받은 자들의 거처로 불렀다. 그런데 그 거장은 혼잣말로 중얼거렸다.

"별이라, 흠! 흠! 별은 하늘에 있는 빛나는 나병 환자라네."

"맙소사, 그렇다면 저 위에는 행복한 곳이 없다는 건가요? 죽고 나서 생전에 미덕을 행한 것에 대한 보상을 받지 못한다는 건가요?"

내가 소리쳤다. 그런데 거장은 창백한 눈으로 나를 비스듬히 노려보더니 날카롭게 말했다.

"그대는 병든 어머니를 살피고 형제를 독살하지 않았다는 것에 대한 대가를 원한단 말인가?"

이 말을 하며 그는 불안한 듯 주위를 둘러보았다. 그러나 하인리히 비어가 카드놀이에 그를 초대하기 위해 다가오는 걸 보고 이내 안정을 되찾았다.

헤겔의 글을 이해하는 것이 얼마나 어려운지, 얼마나 쉽게 스스로 속고 있는지, 그저 변증법의 공식을 재구성하는 법을 배운 것에 불과한데 글의 내용을 이해했다고 착각한 건 아닌지, 나는 이것을 뒤늦게 이곳 파리에서 헤겔의 공식을 추상적 학술 용어에서 건전한 이성과 일반적인 이해를 고려하여 모국어, 즉 프랑스어로 번역하면서 깨달았다.

여기서 번역자는 자신이 말하는 바를 정확히 알아야 하며 매우 소박한 개념이라도 걸치고 있는 신비로운 옷을 벗기고 벌거벗은 모습 그대로를 보여 줄 수 있어야 한다. 말하자면 나는 헤겔 철학 전체를 잘 이해할 수 있도록 글을 쓰고 이를 내 책《독일에 관해서》의 새 판에 보충 내용으로 넣으려 했다. 이후 지난 2년 동안, 이 작업에 몰두하면서 나는 여러 어려움과 노력 끝에 까다롭고 어려운 내용을 완벽하게 파헤쳐 매우 추상적인 부분들을 가능한 한 대중적으로 쉽게 표현하는 데 성공했다. 하지만 작업이 끝났을 때, 완성된 원고를 보던 나는 이상한 두려움에 사로잡혔다. 원고가 낯설고 아이러니하며, 심지어 사악한 눈으로 나를 노려보고 있다는 생각이 들었다. 나는 섬뜩하고도 당혹스러웠다. 저자와 책이 더는 어울리지 않았다. 당시는 무신론에 대한 혐오가 내 마음을 지배하고 있을 때였다. 즉 무신론자들 모두에게 헤겔 철학이 무시무시할 정도로 큰 영향을 끼쳤다는 사실을 인정하지 않을 수 없었기 때문에 나는 심적으로 불편하고, 그래서 나에겐 치명적이었다. 대체로 나는 헤겔 철학에 그다지 큰 열정을 가져 본 적이 없었고, 이것과 관련지어 분명하게 말할 수 있는 것도 없었다. 나는 추상적인 사상가가 아니다. 나는 헤겔 철학에 내재한 합*의 개념을 있는 그대로 의심 없이 받아들였다. 도출된 결론이 나의 허영심을 달래 주었기 때문이다. 당시 나는 젊고 자부심이 강했다. 할머니가 말했던 주님은 하늘에 계신 그분이 아니라 이 지상에 있는 바로 나라는 사실을 헤겔에게서 배우며 오만한 나는 큰 위안을 얻었다. 그 어리석은 자부심은 내 마음에 해로운 영향을 끼치지 않았다. 오직 의무감에 이끌려 행동하고 도덕적 원칙만을 따르는 선량한 속물들의 빛나는 명성에 내가 먹칠을 가했던 것처럼 나는 오히려 영웅주의에 빠져 더욱 대담해지고 자기희생을 마다치 않았다. 나 자신이 살아 있는 도덕률이고 모든 권리와 권한의 원천이었다. 나는 원초적

* 합(Synthese) : 헤겔 철학의 핵심 개념인 변증법은 정(These), 반(Antithese), 합(Synthese)의 발전 단계를 거치며 오류와 모순을 제거하고 궁극적으로 진리 또는 완성에 도달한다는 사고의 틀을 가지고 있다.

인 도덕성 자체이고, 죄에 물들지 않았으며, 순수함을 체현하는 존재였다. 문란한 막달레나*들은 내가 일으킨 사랑의 불꽃으로, 즉 정화하고 죄를 씻어 주는 그 힘으로 깨끗하게 되었고, 백합처럼 흠잡을 데 없이 순결하고 정숙한 장미처럼 붉게 물든 그들은 신의 품에서 새롭게 처녀로 태어났다. 고백하건대, 때때로 나는 손상된 처녀성을 회복하는 일에 모든 힘을 소진한다. 타협 없이 모든 걸 주고 무궁한 자비를 베풀었다. 나는 사랑에 살고 증오를 모르는 사람이었다. 나는 적들에게 복수하지 않았다. 원래 적이 없는 편이지만, 누구도 적으로 인식하지 못했기 때문이다. 나에게는 나의 신성을 의심하는 불신자들만 남았다. 그들이 나에게 가한 불의는 모독이고, 그들의 모욕은 신성 모독이었다. 나는 신을 부정한 자들이 벌받지 않고 사는 걸 늘 좌시할 수 없었다. 죄인들을 처벌하는 건 인간의 복

* 막달레나 : 마리아 막달레나는 예수의 추종자 중 한 명으로 예수의 죽음과 부활을 모두 체험한 증인이다. 참회의 성녀로도 불리는 그녀는 회개한 매춘부로 오랫동안 알려졌고 하이네 역시 여기에서 성녀의 이름으로 매춘부를 가리키고 있지만, 1969년 바티칸공의회는 성인에 관한 그러한 소문이 사실이 아님을 공식적으로 선언했다.

수가 아니라 신의 형벌이었다. 나는 때때로 이렇게 정의를 추구하는 고양된 의지에도 불구하고 저절로 솟아나는 연민을 억누르곤 했다. 나에게 적이 없었던 것처럼 내게는 친구도 없고, 오직 나의 영광을 믿고 나를 숭배하며, 시와 산문의 내 작품을 칭찬하는 신자들만 있다. 매우 경건하고 차분한 사람들로 이루어진 이 공동체, 특히 젊은 신도들을 위해 나는 좋은 일을 많이 했다.

그러나 인색하다는 인상을 주지 않으면서도 몸도 지갑도 아끼지 않는 신의 모습을 연출하는 데 드는 비용은 엄청나다. 그런 역할을 품위 있게 수행하는 데 특히 두 가지가 필수적이다. 돈과 건강이다. 그런데 안타깝게도 1848년 2월 어느 날 나는 이 두 가지 소품을 모두 잃어버렸고, 나의 신성은 처참한 상황에 부닥쳤다. 그나마 다행인 건 당시 존경하는 대중이 전례 없이 엄청나고 믿기 어려운 사건에 열중하고 있었으므로, 그런 변화, 즉 하찮은 나에게서 일어난 변화에 관심을 기울이지 못했을 것이다. 그렇다, 그 사건은 엄청났다. 광기 어린 2월의 사건으로 현명한 자의 지혜가 곤두박질하고 선택받은 자들은 바보로 여겨졌다. 끝에 있던 자들이 제일 앞으로 오고, 밑에 있던 자가 가장 위로 오르고, 사물과 생각이 뒤집혔다. 정말 거꾸로 뒤집힌 세상이었다. 거꾸로 뒤집혀 아무런 의미를 찾을 수 없는 시기에 내가 이성적인 사람이었다면, 그 사건으로 나는 이성을 잃었을지 모른다. 또한 내가 광기에 휘둘리고 있었다고 하더라도 정반대의 일은 벌어지지 않을 수 없었을 것이다. 그런데 놀랍게도! 모두가 광기에 빠져 있을 때 나는 다시 이성을 되찾지 않았던가! 혁명 시기에 나는 다시 퇴각할 수밖에 없었다. 그건 내가 할 수 있는 가장 현명한 일이었다. 나는 신의 피조물이라는 울타리로 돌아와 세계의 운명을 정하시고 나의 세속적인 일도 처리해 주시는 높은 곳의 전능하신 분에게 다시 경의를 표했다. 특히 세속적 일들은 내가 세상과 우주 만물을 다스리는 동안 심각한 혼란 상황에 빠져 있었다. 하지만 그것을 더 잘 돌볼 수 있는 전지전능한 하늘의 관리자들에게 넘긴 것 같아 나는 기뻤다. 이후로 신은 나에게 구원의 원천일 뿐만 아니라, 내가 그토록 증오하는 성가신 회계 업무에서 나를 자유롭게 해 주고, 또한 수고를 크게 덜어 준 존재가 되었다. 나는 다른 사람을 더는 돌볼 필요가 없어졌다. 신앙심이 돈독해진 이후로 도움이 절실한 사람들을 후원하는 데도 거의 돈을 쓰지 않는다. 예전처럼 신의 섭리에 끼어들기에는 나는 너무 미약한 존재가 되고 말았다. 더 이상 공동체를 돌보는 자도, 신을 본받는 자도 아니다. 과거 고객들에게 나는 경건하고 겸손한 태도로 내가 그저 세계

정부와 아무런 상관도 없는 신음하는 비참한 피조물에 불과하다는 걸 보여 주었다. 더 이상 신이 아닌 나는 가련하게도 심지어 가장 좋았던 시절에도 선행의 욕망을 채우기 위해 자주 악마의 꼬리를 끌어당겨야 했건만, 나의 고객들은 이제 어렵고 슬픈 상황에 부닥치면 하늘에 계시고 선함만큼이나 헤아릴 수 없이 많은 예산을 가진 주님께 의지해야만 한다. '악마의 꼬리를 잡아당긴다'*는 실제로 프랑스어의 멋진 표현 중 하나겠지만, 그 행위 자체는 나와 같은 신에게는 매우 굴욕적인 일이다. 그렇다, 나는 신에 걸맞은 영광을 모두 잃어서 좋다. 내가 신이라고 나에게 설득하는 철학자도 다시는 없을 것이다! 나는 가난한 사람일 뿐이고 게다가 더는 건강하지 않으며 심지어 중병에 걸렸다. 그래도 나는 축복받은 존재라고 생각한다. 내가 겪는 고통을 끊임없이 불평하고 탄식할 수 있는 누군가가 하늘에 있기 때문이다. 특히 자정 이후, 휴식이 절실하게 필

* 악마의 꼬리를 잡아당긴다 : 프랑스 관용구로 돈이 없어 궁핍하게 사는 것을 의미한다. 하이네는 본문에 프랑스어 "Tirer le diable par la queue"로 썼다.

요한 마틸데*가 휴식을 취할 때 그렇다. 감사합니다, 주님! 그 시간 동안 나는 혼자가 아니다. 나는 마음껏 기도하고 흐느낄 수 있다. 또 지극히 높은 분 앞에서 나는 온 마음을 열고 아내에게도 숨기곤 했던 많은 것을 그분께 말할 수 있다.

친절하게도 나의 고백을 들어 주시는 독자 여러분은 왜 내가 헤겔 철학에 관한 작업을 즐거운 마음으로 하지 못하는지 이제 쉽게 이해할 수 있을 것이다. 이 책을 출판하는 건 독자에게도 저자에게도 유익하지 않을 거라는 점을 내가 깊이 이해했기 때문이다. 기독교적 연민이 묽은 수프처럼 빈약하다 할지라도 헤겔의 변증법이라는 끓는 갈색의 거미줄보다 쇠약해진 인류의 마음을 더 상쾌하게 만들어 준다는 걸 알게 된 것이다. 이제 모두 고백하겠다. 나는 영원히 꺼지지 않는 불꽃 앞에서 극심한 공포를 느꼈다. 물론 미신이겠지만, 나는 두려웠다. 어느 고요한 겨울 저

* 마틸데 하이네(Mathilde Heine, 1815~1883) : 하이네가 1834년 파리에서 알게 되었고 후에 결혼한 프랑스인 배우자이며 프랑스 이름은 크레상스 오귀스탱 미라(Crescence Augustine Mirat)다.

녁, 벽난로의 불이 강렬하게 타오를 때였다. 나는 이 기회를 이용해 헤겔 철학에 관해 쓴 원고를 타오르는 불에 던졌다. 불붙은 원고가 끽끽 이상한 소리를 내며 굴뚝으로 날아 올라갔다.

다행스럽게도, 나는 그것을 내 손에서 떠나보냈다. 아, 내가 한때 독일 철학에 관해 출판한 것 모두를 이와 같은 방법으로 없앨 수 있다면! 하지만 불가능하다. 최근 알게 된 사실이지만, 나는 이미 절판된 책들의 재인쇄를 막을 수 없었다. 그래서 매우 안타깝다. 독일 철학 체계에 관한 나의 설명, 특히《독일에 관해서》의 첫 세 부분에 매우 큰 오류가 있다는 걸 고백하는 일만 나에게 남아 있을 뿐이다. 그런데 독일어판에서 그 세 부분은 별도의 책으로 인쇄된 것들인데, 마지막으로 출판했던 책들이 절판되자 출판사가 새 판을 출판할 권리를 가지고 있었기에 나는 그 책의 서문을 다시 쓰게 되었고, 그 내용을《독일에 관해서》로 가져와 인용함으로써 이 책의 앞 세 부분에 대해 구체적으로 언급해야 하는 난처한 상황을 벗어나고자 했다.

"솔직하게 말하자면, 나는 이 책이 인쇄되지 않았으면 좋겠다고 생각한다. 말하자면 출간 이후 많은 것들, 특히 신의 문제에 대한 나의 견해가 상당히 바뀌었고, 과거에 주장했던 것들이 현재 나의 확신과 모순되기 때문이다.

그러나 화살이 활시위를 떠나면 더 이상 궁수의 것이 아니다. 말도 입술에서 나오고, 게다가 언론이 그걸 확산하면 더 이상 화자의 것이 아니다. 내가 만일 이 책을 출판하지 않고 전집에서 빼 버리면, 출판 권한을 가진 사람들이 나에게 강력하게 반대할 것이다. 어쩌면 나는 이러한 상황을 맞이한 많은 작가처럼 표현을 부드럽게 한다거나 화려한 문구로 의도를 숨기면서 은신처를 찾을 수 있을 것이다. 그러나 내 영혼 깊은 곳에는 그런 모호한 말이라든가 위선적인 꽃들, 비겁한 무화과 잎들에 대한 증오가 깃들어 있다. 정직한 사람에게는 어떤 상황에서든 자신의 오류를 공개적으로 밝힐, 누구에게도 양도할 수 없는 권리가 있다. 그래서 나는 여기에서 그 권리를 주저하지 않고 행사할 것이다. 나는 그 책에서 신과 관련하여 틀리거나 경솔하게 주장했다는 점을 솔직하게 고백한다. 아울러 반복했던 주장, 즉 이신론은 이론일 뿐 몰락할 수밖에 없고 그저 현상계에서 간신히 연명하고 있다는 주장도 그릇되거나 경솔했다. 그렇다, 안셀무스* 이후로 신의 존재를 증명할

* 안셀무스 칸투아리엔시스(Anselmus Cantuariensis, 1093~1109) :

가능성을 파괴한 이성 비판이 신의 존재 자체를 불가능하게 만들었다는 것은 사실이 아니다. 이신론은 살아 있다. 그것도 활기 있게 삶을 영위하고 있다. 죽지 않았다는 것이다. 적어도 최근 독일 철학이 이신론을 죽였다고 하지만, 거미줄처럼 얽힌 베를린의 변증법은 개 한 마리도 아궁이에서 꾀어 불러내지 못하고, 고양이를 없앨 수도 없으며, 신이라면 더더욱 불가능하다. 이신론을 없애는 것이 얼마나 위험한 것인지 나는 몸소 체험했다. 사람은 아무리 죽이려 해도 죽지 않고 살아남는다. 헤겔 철학의 수호자, 즉 냉혹한 루게*는 한때 단호하고 확고하게, 아니면 확고하고 단호하게 나를 문지기 지팡이로 때려죽였다고 《할레 연감》*에서 주장했지만, 나는 그 시간에 파리의 거리를 돌아다녔다. 경쾌하고 건강하게, 나는 어느 때보다

이탈리아의 신학자이자 철학자로 《성경》과 신학을 해석하는 데 이성을 적극 활용한 스콜라철학의 창시자다.

* 아르놀트 루게(Arnold Ruge, 1802~1880) : 독일의 사상가로 헤겔 철학을 비판적으로 계승했으며 마르크스의 사상에 깊은 영향을 미쳤다.

* 《할레 연감》 : 1838~1843년 프로이센에서 간행된 잡지로서 헤겔 사상을 급진적으로 해석한 젊은 헤겔학파의 주장과 사상을 전파했다.

불멸의 존재였다. 후에 내가 용감한 루게에게 여기 파리에서 그 끔찍하고 치명적인《할레 연감》을 본 적이 없다고 말하자, 그는 가슴 깊은 곳에서 터져 나오는 웃음을 참을 수 없었다. 혈기 왕성한 내 뺨과 굴을 삼키는 왕성한 식욕은 내게 시체라는 별명을 지어 줄 필요가 없다는 걸 그에게 확인시켜 준 것이다. 실제로 당시의 나는 건강하고 살찐 편이었다. 내 몸의 기름기가 절정에 달했던 시절이었고, 몰락하기 전의 네부카드네자르 왕*처럼 오만했다. 그러나 몇 년 후 내 몸과 정신에서 변화가 일어났다. 나는 자신을 신으로 자부했던 바빌로니아 왕의 이야기를 자주 머릿속에 떠올렸다. 자만심에 사로잡힌 그는 높은 곳에서 떨어져 짐승처럼 바닥을 기어다니며 풀을—아마도 샐러드였을 것이다—먹지 않았던가. 나는 장엄하고 웅대한 〈다니엘서〉에 등장하는 이 전설*을 선량한 루게뿐만 아

* 네부카드네자르 왕(기원전 642~기원전 562) : 바빌론 제국의 통치자로 유대인 등 다른 민족을 억압하고 정복한 폭군으로 알려졌다.

* 〈다니엘서〉에 등장하는 이 전설 : 〈다니엘서〉 4장의 내용으로 교만한 느부갓네살, 즉 네부카드네자르 왕은 하느님의 심판을 받아 짐승보다 못한 처지로 전락했지만, 하느님을 알고 다시 회복된 후 자신의 왕위를

니라 그보다 더 완고한 성격의 친구들인 마르크스,* 포이어바흐,* 다우머,* 브루노 바우어,* 헹스텐베르크,* 그리고 그들이 뭐라고 불리든 간에, 신을 부정하는 자칭 신들에게 교화 차원에서 권하고 싶다. 《성경》에는 주목할 가치가 있는 훨씬 더 아름답고 놀라운 이야기들이 있다. 예를 들자면, 《성경》 앞부분에는 낙원의 금지된 나무, 그리고 헤겔이 태어나기 6000년 전에 이미 헤겔 철학 전부를 강의했던 작은 강사 뱀에 관한 이야기가 있다. 발 없는

되찾는다.

* 카를 마르크스(Karl Marx, 1818~1883) : 독일의 혁명적 사회주의자이자 철학자이며 정치 이론가다.

* 루트비히 포이어바흐(Ludwig Feuerbach, 1804~1872) : 독일의 철학자이자 인류학자이며 급진적 헤겔 좌파의 일원으로 기독교 폐기를 주장했다.

* 게오르크 프리드리히 다우머(Georg Friedrich Daumer, 1800~1875) : 독일의 시인이자 철학자다.

* 브루노 바우어(Bruno Bauer, 1809~1882) : 독일의 신학자이자 철학자이며 청년 헤겔파의 대표적 인물이다.

* 에른스트 빌헬름 헹스텐베르크(Ernst Wilhelm Hengstenberg, 1802~1869) : 독일의 신학자로 루터교 정통파를 옹호했다.

이 푸른색 스타킹은 절대성이 존재와 지식의 동일성 안에 어떻게 존재하는지, 인간이 지식을 통해 어떻게 신이 되는지, 또는 어떻게 신이 인간의 자의식에 도달하는지를 매우 예리하게 설명해 주었다. 그러나 《성경》의 구절은 분명한 의미를 전달하지 않는다.

선과 악을 알게 하는 나무의 열매를 먹으면 너희는 신처럼 될 것이다! 하와는 암시된 것에서 단지 하나만을 이해했다. 즉 그 열매는 금지된 것이라는 사실이다. 그러나 금지되었기 때문에 그 착한 여인은 그것을 먹었다. 그리고 사과를 먹자마자 하와는 순진함과 순수성을 잃었다. 그녀는 자신이 너무 벌거벗었다는 걸 알았다. 장차 수많은 황제와 왕들의 시조라고 할 수 있는 그녀의 지위에 어울리지 않는 일이었다. 그래서 그녀는 무화과 잎으로 만든 옷에 불과하겠지만, 여하튼 옷을 요구했다. 당시에는 리옹의 비단 제조 공장과 같은 시설은 없었고, 또한 천국에는 모자 제조공이나 패션 전문가도 없었다. 오 천국! 기이한 일이로다. 그녀가 자기 스스로 생각하며 자의식에 이르자마자 제일 먼저 머리에 떠올린 것이 옷이라니! 《성경》 이야기, 특히 뱀이 한 말이 나의 뇌리를 떠나지 않는다. 그리고 그걸 왕궁 정원 앞에 세워져 있는 경고문처럼 이 책의 금언으로 삼고 싶다.

'마름쇠*와 자동 발사 장치 주의.'"

인용한 경고문에 이어 말년의 정신적 혁명에 끼친 《성경》 읽기의 영향에 관해 고백하겠다. 종교적 감정이 다시 깨어난 것은 이 성스러운 책 덕분이다. 《성경》은 나에게 가장 경건한 경외의 대상일 뿐만 아니라 구원의 원천이다. 참 이상한 일이었다! 평생 나는 철학이라는 댄스홀을 누비고 온갖 정신의 향연에 탐닉하며 환락의 밤을 보낸 메살리나*처럼 온갖 체계에 만족하지 못한 채 살아왔는데, 지금의 나는 갑자기 톰 아저씨*처럼 《성경》에 몸을 의탁하고 있다. 신앙심 깊은 흑인 형제 옆에 무릎을 꿇고 그처럼 기도하는 것이다.

이 얼마나 굴욕적인 일인가! 내가 지식이 많다 해도, 글자도 깨치지 못한 불쌍하고 무지한 흑인보다 더 앞으로 나

* 마름쇠 : 침입 방지를 위해 땅에 꽂는 갈고랑이 모양의 철제 도구다.

* 메살리나 : 로마 황제 클라우디우스의 세 번째 부인으로 음란하고 사악한 여인으로 낙인찍혀 죽음을 맞이했다.

* 톰 아저씨 : 미국의 여류 작가 해리엇 스토(Harriet E. B. Stowe, 1811~1896)의 작품 《톰 아저씨의 오두막(Uncle Tom's Cabin)》(1852)에 등장하는 선량하고 신앙심 깊은 흑인 노예를 말한다.

아가지 못하는구나! 가련한 톰은 분명《성경》에서 나보다 더 깊은 의미를 발견한 것 같다. 특히 마지막 부분을 나는 잘 모르겠다. 톰은《성경》에 채찍질, 즉 〈복음서〉와 〈사도행전〉을 읽을 때마다 나를 몹시 역겹게 만든 그 끊임없는 채찍질 때문에 그걸 더 잘 이해할 수 있는 것 같다. 불쌍한 흑인 노예는 등을 돌리고《성경》을 읽기 때문에 우리보다 더 잘 이해한다. 반면 나는《성경》첫 부분에 나오는 모세의 성격을 더 잘 이해한다고 생각한다. 이 위대한 인물은 내게 적지 않은 인상을 남겼다. 정말 거인다운 인물이다! 나는 바산의 왕 옥*이 그보다 더 컸을 거로 생각하지 않는다. 모세가 오른 시나이산은 얼마나 작았던가! 이 산은 단지 그 남자의 발이 딛고 선 받침대에 불과하다. 모세의 머리는 하늘로 높이 솟았고 그곳에서 신과 대화를 나눈다. 신이시여, 제 죄를 용서하소서. 때때로 나는 이 모세의 신을 그저 모세 자신의 반사된 광채로 생각했었다. 분노하고 사랑을 베푸는 모습이 너무나 그와 닮았기 때문이

* 옥 : 〈신명기〉에 등장하는 이스라엘 민족과 대적한 거인 족속 바산의 왕이다.

다. 이건 참으로 큰 죄가 될 것이다. 신과 그의 예지자를 동일시하는 것은 신인동형동성론*에 나오는 이야기겠지만, 여하튼 그 유사성은 놀라울 뿐이다.

과거에 나는 모세를 특별히 좋아하지 않았다. 헬레니즘 정신이 내 몸을 지배했기 때문일 것이다. 그리고 나는 유대인에게 법을 전달한 그가 신을 그림으로 그리고 조각으로 만드는 걸 금지한 사실을 용서할 수 없었다.* 이렇듯 예술에 대한 적대적인 입장에도 불구하고 나는 그가 위대한 예술가였고, 진정한 예술 정신을 가진 사람인 걸 알지 못했다. 그의 예술 정신은, 이집트인도 그렇지만, 오직 거대하고 파괴할 수 없는 것에만 집중되어 있었다. 그는 이집트인들처럼 벽돌과 화강암으로 예술 작품을 만들지 않았다. 그는 인간 피라미드를 세웠고, 인간 오벨리스크를 조각했으며, 가난한 목동 부족을 수 세기의 고통을 이겨

* 신인동형동성론 : 신의 속성을 인간의 몸, 행위, 감정 등으로 비유하여 표현하는 방식을 의미한다.

* 신을 그림으로~용서할 수 없었다 : 유대교는 신을 인간의 모습으로 형상화하는 것을 우상 숭배로 간주하며 금기시한다. 이슬람 역시 신의 모습을 인간과 동등하게 묘사하는 행위를 명시적으로 금지한다.

내는 민족, 위대하고 영원하며 성스러운 민족으로 만들었다. 모든 민족의 모범, 아니 인류의 원형이라고 할 수 있는 신의 백성, 즉 이스라엘을 창조한 것이다. 아므람과 조산원 요게벳의 아들인 그는 청동으로 만든 것보다 더 오랫동안 세월을 이겨 낼 기념비를 세웠다고 자랑할 수 있을 것이다!

이 위대한 장인에 대해서 그랬던 것처럼, 나는 그의 작품인 유대인에 대해서도 충분히 경의를 표한 적이 없다. 그건 유대교의 금욕주의에 맞선 나의 헬레니즘적 성향 때문이다. 그러나 유대인들에 관한 생각이 바뀐 이후로 그리스에 대한 나의 애정은 식고 말았다. 현재의 나에게 그리스인들은 그저 아름다운 청년일 뿐이다. 1800년 동안 박해받고 비참하게 살았지만, 유대인들은 항상 남성, 그것도 강인하고 어떤 것에도 굴하지 않는 남성들이다. 과거뿐만 아니라 현재도 그렇다. 이런 사실을 알게 된 이후로 나는 그들을 좀 더 품위 있는 존재로 인정하는 걸 배웠고, 혁명과 민주주의 원칙을 위해 투쟁을 하면서 가문을 자랑하는 게 어리석은 모순이 아니라면, 이 책의 저자는 조상이 고귀한 이스라엘 가문에 속하고, 이 세상에 신과 도덕성을 제공했으며 사상의 모든 전장에서 장렬하게 싸우고 고통을 겪은 순교자들의 후예라는 사실에 자부심을 느낄 수 있을 것이다.

중세사, 심지어 현대사에서 이와 같은 성령의 기사들 이름이 일상적으로 거론되는 경우는 거의 없다. 그들은 닫힌 가늠자의 총을 들고 전장에서 싸웠기 때문이다. 고유의 특성과 본질은 물론이고 유대인들의 행적 또한 이 세상에 알려지지 않았다. 사람들은 그들의 수염을 보고 그들이 누구인지 안다고 믿지만, 그들에 관한 더 많은 것은 밖으로 드러나지 않았고, 중세 시대와 마찬가지로 현대에도 그들은 여전히 떠도는 비밀로 남아 있다. 하지만 선지자가 예언한 바로 그날, 즉 오직 한 목자와 한 무리의 양들만이 있을 것이며, 인류의 구원을 위해 희생한 정의로운 분이 영광스러운 존재로 인정받을 그날이 오면, 비밀이 무엇인지 밝혀질 것이다.

과거 호메로스를 인용하던 내가 이제는 톰 아저씨처럼 《성경》을 인용한다. 실제로 나는 《성경》에 큰 빚을 졌다. 위에서 말했던 것처럼, 내 안에서 종교적 감정이 되살아났다. 종교적 감정의 부활은 어쩌면 죽음을 피할 수 없는 운명의 사람들보다 시인의 내면을 더 잘 만족시킬 것이다. 실정 종교*의 신앙 교리를 쉽게 버릴 수 있는 존재가 바로 시인이기 때문이다. 그는 은총을 입었고, 그의 영혼 안에서 하늘과 땅의 상징이 꽃이 되어 활짝 핀다. 교회 문을 열 열쇠는 필요하지 않은 것이다. 나에 관한 어리석고 모순적인 소문들이 떠돌고 있는 것 같다. 매우 경건하지만 현명하지 못한 개신교 국가 독일의 남성들이 내가 이제까지 그저 미적지근하고 공식적인 방식으로 고백했던 루터파 복음주의 신앙에 이전보다 더 크게 공감하는지 다급하게 물어본다. 그렇지 않다. 친애하는 친구들이여, 아무런 변화가 없다. 내가 개신교 신앙에 매달린다고 한다면, 그건 과거에도 그랬던 것처럼 개신교가 나를 괴롭히지 않기 때문이다. 물론 솔직히 말하자면, 프로이센, 특히 베를린에 있었을 때, 많은 내 친구들도 그렇지만, 그곳 당국이 공식 종교로 인정하는 실정 종교를 믿지 않는 사람에게 프로이센, 특히 베를린 체류를 금지했더라면, 나는 모든 종교와의 관계를 단호하게 포기했을 것이다. 언젠가 앙리 4세는 파리는 미사를 치를 만한 가치가 있다*고 웃으면서 말

* 실정 종교(Positive Religion) : 역사적 사실, 사건, 인물 등에 근거하여 경험적으로 입증되고 구체적인 형태로 확립된 종교를 말한다. 관념론의 완성자 헤겔은 합리주의와 진보의 역사 관점에서 실정 종교를 지양해야 할 대상 또는 제도로 비판했다.

* 파리는 미사를 치를 만한 가치가 있다 : 개신교 출신의 앙리 4세가 프

한 적이 있다. 그래서 나도 당당하게 말할 수 있다. 베를린은 설교할 만한 가치가 있는 곳*이라고. 그리고 늘 그랬듯이, 나는 고도로 계몽되고 모든 미신에서 자유로운 기독교, 즉 거북이가 들어가지 않은 거북이 수프처럼 그리스도의 신성이 없어도 베를린 교회가 수용한 기독교를 받아들일 수 있었다. 당시 나는 여전히 신이었고, 실정 종교는 다른 종교보다 더 큰 가치를 지닌 것으로 나에게 보이지 않았다. 포츠담에서 러시아 황제가 사열식 참석의 영예에 대한 보답으로 프로이센 경비대 장교의 옷으로 갈아입은 것처럼 예의상 그들의 군복을 입을 수 있었지만 말이다.

종교심은 깨어났으나 육체적으로 고통을 겪는 지금의 나에게 많은 변화가 일어났다. 루터파 신앙이라는 군복을 갈아입은 나의 상황은 내 안의 가장 깊은 곳에 있는 생각과 상응하는 것일까? 공식적으로 행한 나의 고백이 얼마나 진실에 근접한 것일까? 이 질문에 나는 직접적으로 대

랑스 왕이 되기 위해 가톨릭교로 개종하면서 한 유명한 말이다. 프랑스어 원문은 "Paris vaut bien une messe"이다.

* 베를린은 설교할 만한 가치가 있는 곳 : 프랑스어 원문은 "Berlin vaut bien un prêche"이다.

답하지 않으련다. 내가 이해한 바에 의하면, 그런 질문을 통해 나는 개신교가 세계 구원을 위해 행한 공로를 조명할 수 있었다고 말하고 싶다. 여러분은 내가 개신교에 얼마나 크게 공감하는지 이를 통해 헤아릴 수 있을 것이다.

과거 철학이 압도적인 관심의 대상이었던 시절, 나는 라이프니츠, 칸트, 헤겔이 사상의 자유를 쟁취하고 업적을 남기는 데 토대가 되었던 개신교를 높이 평가했다. 도끼를 손에 든 남자 루터는 앞에서 전사들을 이끌고 그들에게 길을 터 주었다. 이런 면에서 나는 그의 종교 개혁을 독일 철학의 시발점으로 인정하며 개신교를 위한 나의 지지를 정당화했다. 나이가 들어 성숙해졌고, 종교적 감정이 다시 용솟음치며, 좌절했던 형이상학자에서 《성경》에 매달리는 자로 변신한 지금의 나는 《성경》의 발견과 보급에 이바지한 개신교의 공로에 특별한 경의를 표한다. 그리고 발견이라는 단어를 내가 썼는데, 《성경》을 제2성전의 큰 불에서 구하고 유랑 중에도 나라로 여기며 가지고 다녔으며, 중세 시기 내내 이 보물을 소중하게 게토에 숨긴 유대인에게서 그 이유를 찾을 수 있다. 게토가 어떤 곳인가? 보물 상자의 열쇠를 얻는 데 필요한 히브리어를 배우기 위해 독일 학자들, 종교 개혁의 선구자와 개척자들이 비밀리에 찾는 곳이 바로 게토다. 방문자 중에는 훌륭한 사람으로 평가받는 로이힐린,* 그리고 그의 적으로, 또한 어리석고 몽매한 사람들로 평가받는 쾰른의 호흐슈트라텐*과 동료들이 있었다. 그러나 내가 보기에 그들은 바보들이 아니다. 그들은 《성경》에 관한 해박한 지식이 교회에 불행을 가져다준다고 예견했던 선견지명이 있는 교회의 이단 심판관들이었다. 그들은 히브리어 문서들을 남기지 말고 태워 없애라고 권고하고, 히브리어 《성경》의 번역자인 유대인들을 죽이라고 폭도들을 선동한 유대인 박해의 장본인이었다. 그러나 그러한 행위의 동기가 분명하게 밝혀진 지금, 그것이 옳았다는 걸 분명히 알게 되었으니, 쾰른의 이 바보들은 세상 사람들의 영혼 구원이 위협받는다면서, 그게 거짓말이든 살인이든, 유대인에 대해서는 모든 수단을 동원할 수 있다고 믿은 것이다. 가난한 하류 계층의 사람들, 비참함이라는 유산을 물려받은 그들은 유대인들이

* 요하네스 로이힐린(Johannes Reuchlin, 1455~1522) : 독일의 인문주의자이자 철학자이며 히브리어학의 기초자다.

* 야코프 반 호흐슈트라텐(Jacob van Hoogstraaten, 1460~1527) : 벨기에 출신으로 독일 쾰른에서 수학한 도미니크회 신학자이자 논쟁가다.

보물을 쌓아 놓고 산다고 증오했다. 부자들에 대해 프롤레타리아가 느끼는 증오는 과거 유대인에 대한 증오와 다름없다. 토지 소유권이나 생계유지를 위한 수공업 운영에서 배제된 유대인들은 교회가 정통 신자들에게 금지한 상업과 금융 거래에 의존할 수밖에 없으므로 당연하게도 부자가 되고, 증오의 대상이 되며, 또한 죽임을 당하도록 운명 지어졌다. 물론 과거의 그런 살인 행위는 종교의 이름을 빙자하며 자행되었다. 그리고 이런 말이 있다. 언젠가 주님을 살해한 사람들은 죽어야 한다는 것. 이상한 일이 아닌가! 세상에 신을 내주고, 삶 전체를 오직 신을 향한 기도에 바친 바로 그 민족이 신의 살해자라는 평판을 듣다니! 한 무리의 흑인들이 살인을 저지르고 농장을 불 질러 파괴하며 일으킨 산도밍고 혁명*에서 그런 광기의 피비린내 나는 패러디를 본 적이 있다. 폭도 가장 앞의 흑인 광신자는 거대한 십자가를 들고 피에 굶주린 듯 소리쳤다.

* 산도밍고 혁명 : 1791년부터 1804년까지 프랑스의 식민지 산도밍고에서 일어난 흑인 노예들의 반란이다. 이 사건으로 현재의 아이티 공화국이 생겨났다.

"백인들이 그리스도를 살해했다. 모든 백인을 때려죽이자!"

그렇다. 신을 내준 것에 감사하듯 세계는 유대인들의 말, 즉 《성경》에 감사할 줄 알아야 한다. 그들은 《성경》을 로마제국의 멸망에서 구해 냈고, 민족 이동이라는 광란의 이동 시기에도 소중한 책을 보존했다. 이후 개신교가 그들에게서 《성경》을 찾아내어 지역어로 번역하면서 전 세계로 퍼져 나간 것이다. 이 확산으로 축복받은 열매를 맺은 이후 성서 공회*가 신의 섭리에 따른 사명, 즉 교리를 권력에 끌어들여 바다와 하늘을 독점하고, 영국 기독교 운송 단체의 경건한 신사들이 품은 생각, 즉 독점권 확보를 교회의 주된 이유나 목적으로 삼으려는 것보다 훨씬 더 중요한 사명을 완수하며 그 노력이 오늘날까지 이어지고 있다. 그런데 보라! 유대인들은 《성경》 지상주의에 빠진 모든 개신교 분파의 몰락을 자신도 모르는 사이에 부추기고 있다. 그들은 모든 사람이 왕이 되고 자신의 성에서 주교

* 성서 공회 : 《성경》을 각국의 언어로 번역하고 출판하며 전 세계에 보급하는 기독교 기관이다.

가 되도록 위대한 민주주의를 추진했다. 그들은 《성경》을 전 세계에 퍼뜨리면서 이른바 상업적 속임수, 밀수, 물물교환을 통해 온 인류의 손에 《성경》을 쥐여 주고, 해석, 즉 개인의 이성에 넘겨줌으로써, 위대한 정신의 왕국, 즉 이웃 사랑과 순수함, 그리고 교조적인 개념의 공식이 아닌 어린이와 어른 모두를 위한 아름답고 성스러운 교육용 그림과 사례를 통해 참된 도덕성의 왕국을 세웠다.

사색을 즐기는 사상가라면, 그가 관찰한 나라들에서 《성경》이 종교 개혁 이후로 그곳 사람들에게 지대한 영향을 끼치고, 《구약성경》과 《신약성경》에서 표현된 팔레스타인 삶의 흔적이 그들의 도덕성과 사고방식, 그리고 심성에 남아 있는 것을 발견하고 매우 놀랄 것이다. 유럽 북부와 아메리카, 즉 스칸디나비아와 앵글로색슨 지역, 그리고 대부분의 게르만족과 일부 켈트족 지역은 팔레스타인 사람들이 널리 퍼져 있는 곳이다. 그래서 그곳 사람들은 마치 유대인들 사이에 그들이 있는 것처럼 느낀다. 예컨대 《성경》에서 따온 이름, 예루살렘에서 살던 바리새인 종파의 멜로디처럼 들리는 찬송가, 이렇듯 돼지고기를 먹어도 종교는 유대교와 다를 바 없으니, 개신교를 믿는 스코틀랜드인들은 히브리인들이 아닐까? 독일 북부의 여러 지방과 덴마크도 마찬가지다. 《구약성경》의 말씀에 따라 사는 삶을 교과서처럼 여기는 미국 대다수 신생 공동체는 더 말할 나위 없다. 그것은 다게레오타입*처럼 보인다. 윤곽은 불안하나마 뚜렷하지만, 모든 게 잿빛 일색이다. 약속의 땅을 상징하는 화려하고 밝은색은 빠져 있다. 그러나 그런 풍자의 기술은 언젠가 사라질 것이고, 진실하고 영원하며 참된 것, 즉 고대 유대교의 도덕성은 한때 요르단과 레바논 고원에서 그랬던 것처럼 그 나라에서 아름답게 꽃을 피울 것이다. 선해지는 데 필요한 것은 야자수와 낙타가 아니다. 선한 것이 아름다운 것보다 훨씬 더 좋다.

앞서 언급한 민족들이 유대인의 삶을 그들의 관습과 사고방식으로 쉽게 받아들였던 것은 교육 능력 덕분만이 아니다. 아마도 유대 민족의 특성에서 그 이유를 찾을 수 있을 것이다. 유대 민족은 항상 게르만족, 그리고 부분적으로 켈트족과 특성 면에서 매우 강한 유사성이 나타난다. 나는 항상 유대성을 동양의 한가운데에서 잃어버린 서구

* 다게레오타입 : 프랑스의 화가이자 사진 선구자인 다게레오(Louis Jacques Mande Daguerre, 1787~1851)가 발명한 최초의 대중적 사진 촬영 방식이다.

의 한 조각으로 느꼈다. 실제로 유심론적 신앙*과 엄격하고 순결하며 금욕주의적인 관습, 즉 추상적인 내면성 때문에 유대인들의 땅과 민족성은 호사스럽고 화려하며 격정적으로 자연 숭배에 빠지고 술에 취한 듯 감각적 향락으로 삶을 소비하는 이웃 국가 및 민족성과 대비되었다. 이스라엘 민족은 무화과나무 아래 경건하게 앉아 보이지 않는 신을 찬양하고 도덕과 정의를 실천했다. 그러나 바벨, 니네베, 시돈, 티레의 신전에서는 유혈이 난무하고 음란한 난교가 거행되었으니, 그 광경에 대한 묘사는 지금 들어도 소름이 돋지 않는가! 이러한 상황을 고려하면 초기 이스라엘 민족의 위대함에 누구나 놀라지 않을 수 없을 것이다. 주변 지역뿐 아니라 고대의 모든 민족, 심지어 철학적 성향의 그리스인들에게도 노예 제도는 합법적이었고 번성했다. 하지만 《성경》과 권력자들의 관계를 웃음거리로 만들지 않기 위해 이스라엘 민족의 자유에 대한 사랑은 굳이 언급하지 않겠다. 정말로 우리 주님이자 구세주보다

* 유심론적 신앙 : 세계의 운행 원리를 정신으로 설명하는 관점에서 비롯된 신앙이다.

더 위협적인 사회주의자는 없을 것이다. 모세가 바로 그런 사회주의자였다. 실용적인 걸 중시하는 그는 원래 소유 재산과 관련한 기존 관습을 뜯어 고치려 했었다. 그러나 불가능한 일에 골머리를 앓는 대신, 즉 정신 나간 사람처럼 소유 재산의 폐지를 선언하는 대신, 그는 그것들을 도덕적으로 고치려 했다. 즉 소유 재산에 도덕성과 합리성을 부여하고, 농경 민족의 경우 항상 소유지로 여겼던 양도된 세습 재산을 원래의 땅 주인에게 어떤 방식이든 간에 반환하는 희년* 제도를 도입함으로써 실질적인 효과를 얻고자 했다. 이 제도는 로마인들의 시효법과 정반대다. 로마인들에 따르면, 실제로 재산을 점유한 자는 법적으로 재산을 소유한 자가 일정 기간이 지나기 전에 적절한 방법으로 권리 회복을 원한다는 사실을 입증하지 못하면 그에게 강제로 재산을 반환할 필요가 없다. 이 조건은 독재 또는 법이 절대적 권력을 가지고 적법하지 않은 재산을

* 희년(禧年) : 《성경》에 등장하는 개념으로 유대교는 50년마다 돌아오는 해인 희년이 되면 경작지를 휴경하고 채무를 면제하며 노예를 해방한다는 규정을 정해 두었다. 반면 가톨릭의 희년 개념은 신자들이 지은 죄에 대한 벌을 사면받는 은총 또는 대사(大赦)를 의미한다.

소유한 자에게 온갖 방법으로 위협을 가하는 국가에 전횡의 가능성을 열어 주었는데, 특히 소송 비용을 감당할 수 없는 가난한 사람들을 대상으로 할 때 그렇다. 로마인은 군인이자 변호사였다. 즉 칼로 빼앗은 타인의 재산을 교묘한 말재주로 지킬 줄 알았다. 말하자면 강도와 변론가들의 민족만이 법적 보호의 박탈, 즉 시효법이라는 걸 발명하고, 이것은 악마의 성서로도 불리며 현재도 효력을 잃지 않은 매우 혐오스러운 로마의 민법에서 신성한 자리를 차지하고 있다.

나는 위에서 유대인과 독일인 사이의 친화력에 대해 말했다. 또한 한때 이들을 도덕성의 민족으로도 부른 적이 있는데, 주목할 만한 특징으로 옛 독일법이 시효법에 낙인을 찍는 윤리적 불쾌감을 꼽아 보고자 한다.

“100년의 불의가 1년의 정의를 만들 수 없다.”

니더작센 지역의 농부들이 지금도 말하는 이 문구는 감동적이고 아름답다. 모세의 율법은 희년 제도의 도입으로 시효법에 더욱 단호하게 저항했다. 그는 재산 소유를 없애려 하지 않았다. 그가 원한 것은 모두가 재산을 소유하여 가난으로 인해 노예가 되지 않도록 하는 것이었다. 자유는 항상 그 위대한 해방자가 견지한 궁극적인 목표였다. 이것은 그가 만든 빈곤과 관련된 모든 법률에 생생하게 살아 숨 쉬고 있다. 그는 노예 제도 자체를 매우 증오했지만, 이 비인간적인 제도를 없앨 수는 없었다. 태고의 시대를 살던 사람들의 삶에 깊이 뿌리를 내리고 있었기 때문이다. 그래서 그는 어쩔 수 없이 노예의 운명을 법적으로 엄격하게 정하지 않도록 하고, 몸값을 줄이거나 근무 기간을 제한하는 것에 만족해야만 했다. 그러나 마침내 법적으로 자유의 몸이 되었는데도 노예가 완강하게 주인의 집을 떠나지 않으려 한다면, 개선될 수 없는 그 천민의 귀를 주인집의 문설주에 못 박아 걸라고 그는 명령했다. 그리고 이 치욕스러운 형벌 이후 노예는 평생 주인에게 봉사해야 한다. 오 모세, 우리의 스승 모셰 라베누,* 노예제와 싸운 위대한 투사여, 검은색, 빨간색, 황금색* 제복을 입고 안락함에 빠진 노예들의 기다란 귀를 브란덴부르크 문* 에 못 박도록 저에게 망치와 못을 주소서!

* 모셰 라베누(Mosche Rabenu) : 모세를 가리키는 히브리어 단어이며 "모세 우리의 스승"으로 번역된다.

* 검은색, 빨간색, 황금색 : 독일 국기의 세 가지 색이다.

* 브란덴부르크 문 : 독일 베를린에 있는 개선문으로 1791년에 완공되었다.

나는 이제 종교 · 도덕 · 역사에 대한 전반적인 고찰의 바다를 떠나, 겸손한 자세로 생각의 배를 다시 저자 고유의 모습을 충실하게 반영하는 고요한 내륙의 바다로 조종하여 이동할 것이다.

위에서 언급했다시피, 매우 무례한 질문을 던진 고향의 개신교인들은 나의 종교적 감정이 새롭게 깨어나면서 교회에 대한 감각도 더 강화되었을 것이라며 나의 태도를 미심쩍게 여겼다. 하지만 내가 교리는 물론이고 예배 의식에도 특별한 열정을 느끼지 못하고 있으며, 이 점에서는 지금도 변함이 없다는 사실을 어떻게 표현해야 할지 나는 모르겠다. 내가 지금 이렇게 고백하는 이유는, 로마 가톨릭교회에 큰 열정을 가지고 헌신하는 몇몇 친구들이 현재의 내 사고방식을 두고 저지른 오류를 바로잡기 위해서다. 이상한 일이지 않은가! 독일에서 개신교가 복음에 대한 깨우침을 얻으라고 나에게 어울리지 않는 영예를 베풀었을 때, 내가 가톨릭교회로 개종했다는 소문도 널리 퍼졌는데, 당시 많은 선량한 사람들도 나의 개종은 이미 수년 전에 일어난 일이라고 확신하면서 구체적인 사항들, 이를테면 시간과 장소, 그리고 개신교의 이단적 요소를 부정하고 유일한 구원의 주체로서 로마 가톨릭 신앙을 받아들였다는 사실을 내세우며 그들의 주장을 입증하려 했다. 물론 개종 예식에서 성당 관리인이 종과 방울을 얼마나 울렸는가에 대한 언급은 없었다.

그러한 소문이 얼마나 지속해서 퍼졌는지, 나는 내게 온 문서와 편지들을 통해 알 수 있었다. 그중에는 감동에 겨운 나머지 진정한 사랑의 기쁨을 담은 글들도 있었는데, 그때마다 나는 울적하고 당혹감을 느낄 수밖에 없었다. 여행 중에 내게 편지를 보낸 사람은 나의 구원이 심지어 강론을 위한 소재가 된다고 말했고, 내게서 교회의 미래를 밝힐 불을 보기라도 한 것처럼 젊은 가톨릭 사제들은 나를 후원한다면서 그들의 첫 강론집을 내게 헌정하고 싶다는 속마음을 토로하기도 했다. 하지만 나는 웃을 수 없었다. 경건한 과대망상은 그들의 진심에서 비롯되었기 때문이다. 가톨릭의 광신적 현상에 관해서 되풀이해서 말하지만, 한 가지는 확실하다. 그들은 이기주의자가 아니다. 그들은 주위 사람들을 위해 노력하는 사람들이다. 하지만 안타깝게도 조금 과하다. 나에 관해 엉터리 소문이 떠도는 것은, 악의가 아닌 오류 탓이라고 생각한다. 아무것도 모르고 쓴 악의 없는 사실들은 모두 우연히 왜곡됐다는 것이다. 그들이 말한 시간과 장소는 모두 사실이다. 실제로 나는 그날 한때 예수회 교회에 속했던 성당, 즉 생쉴피스 성당*에 있었고, 그곳에서 종교 예식을 치렀다. 그러나 그 행위는 증오에 찬 포기 맹세가 아니고 매우 순수한 결합을 의미하는 것이었다. 즉 나는 나의 배우자와 법률상의 결혼을 한 후 성당에서 축복받았다. 독실한 가톨릭 집안 출신의 내 배우자가 그러한 예식을 행하지 않으면 자신의 결혼이 신의 마음에 들지 않을 걸로 믿었기 때문이다. 나는 어떤 희생을 치르더라도 이 소중한 존재의 종교관을 방해하거나 혼란을 초래하고 싶지 않았다.

여하튼 개신교에서 여성들이 더 많은 신뢰를 얻을 수 있을지는 더 논의를 해 봐야 하겠지만, 나는 여성들이 실정 종교를 믿는 게 좋다고 생각한다. 여성의 가톨릭 신앙은 남편에게 매우 이롭다. 남편이 큰 실수를 저질렀을 경우 그의 배우자는 근심을 그렇게 오랫동안 마음에 담아 두지 않으며, 사제가 남편의 죄를 사면하면, 그녀는 즐겁게 흥얼거리며 활기를 되찾고, 삶의 마지막 순간까지 뿌루퉁하고 새침한 모습을 보이거나 끊임없는 말다툼을 벌이고 속죄해야 할 죄 때문에 수심에 잠긴 모습으로 남편의 기분

* 생쉴피스 성당 : 프랑스 파리에서 노트르담 대성당 다음으로 큰 성당이다.

을 망치거나 시끄럽게 떠들지 않는다. 또한 다른 면에서도 고백성사는 유용하다. 죄를 지은 여자는 자신의 끔찍한 범죄 사실을 오랫동안 마음에 품지 않고, 결국 모든 걸 털어놓기 마련인데, 그녀가 고해 신부에게 어떤 일을 고백하는 일이 갑자기 애정 공세에 압도되거나 수다를 떨고 싶은 욕구에 휘둘려서, 또는 양심에 찔려 가련한 남편에게 치명적인 고백을 하는 것보다 훨씬 낫다!

여하튼 불신앙은 결혼 생활에 위험을 초래할 수 있다. 내 성격이 자유분방한 편이지만, 나는 집에서 부도덕한 단어를 입 밖으로 내뱉어서는 안 된다. 물론 법률에 따라 거행된 시민 결혼은 이곳 사회에서 충분히 인정받지만, 존경하는 속물들처럼 파리 중심부에 사는 나는 성당에서 결혼식을 올리고 싶었다. 진보 성향의 내 친구들은 바로 이 일로 몹시 화를 내며 성직자 일당에게 양보라도 한 것처럼 내게 온갖 욕을 퍼부었다. 내가 당시 그들이 증오하는 성직자들에게 얼마나 큰 양보를 했는지 알았다면, 나의 약점에 대해 그들은 훨씬 더 강하게 불평을 쏟아 냈을 것이다. 가톨릭 신자와 결혼한 개신교인으로서 나는 가톨릭 사제가 주관하는 결혼식을 치르기 위해 대주교의 특별 허가가 필요했다. 하지만 대주교는 남편이 어머니의 종교를 기반으로 자녀를 양육하겠다는 내용을 서면으로 약속하는 조건에서만 혼인을 허락한다. 그리고 그런 내용의 인증서가 발급되는데, 기독교 세계가 아무리 그런 강제력에 강하게 반대하더라도, 나는 가톨릭 사제들이 그것을 완전한 그들의 권리로 생각할 걸로 본다. 사제들의 축복 보장을 원하는 사람은 그 조건을 따를 수밖에 없다. 나는 그것을 선의로 받아들였다. 또한 성실하게 의무를 이행했을 것이다. 그러나 우리끼리 하는 이야기지만, 자녀를 낳는 일은 내 전문 분야가 아니라는 걸 나는 잘 알고 있다. 그래서 나는 인증서에 가벼운 마음으로 서명할 수 있었고, 펜을 손에서 내려놓는 순간 아름다운 니농 드 랑클로*의 글귀가 기억나 낄낄댔다.

"오, 라 샤트르가 가진 좋은 티켓이네!"*

더 솔직하게 고백하면 이렇다. 내가 당시 대주교의 허락을 얻기 위한 것이라면 내 자녀들뿐만 아니라 심지어 나

* 니농 드 랑클로(Ninon de l'Enclos, 1616~1706) : 프랑스의 여류 작가로 많은 애인을 거느린 고급 매춘부로 잘 알려졌다.

* 오, 라 샤트르가 가진 좋은 티켓이네! : 프랑스어 원문은 "O, le beau billet qu'a Lechastre!"이다. 후작 라 샤트르는 니농 드 랑클로의 연인이었다.

자신도 가톨릭교회에 바쳤을 것이다. 그러나 어린이 동화에 등장하는 괴물처럼, 봉사 대가로 미래에 태어나게 해 달라고 요구한 로마의 괴물 오거*는 당연하게도 태어나지 않은 불쌍한 아이들로 만족했고, 나는 예전처럼 개신교인, 즉 언제나 저항하는 개신교인으로 남아 명예 훼손까지는 아니더라도 나의 좋은 평판을 해치는 데 악용될 수 있는 소문들에 항의하련다.

그렇다. 늘 상식 밖의 이야기들을 꺼내면서 정작 그것들에 대해서는 별로 신경을 쓰지 않는 나이지만, 지금도 독일에서 돌아다니는 고귀한 아타 트롤* 무리에게 서툴고 믿음직스럽지 못한 방법으로 나의 변덕을 비통하게 여길 이유를 주지 않기 위해, 그리고 매우 두꺼운 곰 가죽에 꿰맨 자신만의 변함없는 강한 성격을 고집하지 않기 위해 위에서 말했던 내용들을 수정해야겠다고 생각했다. 그러나 이런 푸념은 가련한 로마의 오거, 즉 로마 가톨릭교회

* 오거 : 사람을 잡아먹는 그리스-로마 신화 속 괴물이다.

* 아타 트롤 : 하이네는 《아타 트롤. 한여름 밤의 꿈(Atta Troll. Ein Sommernachtstraum)》(1847)에서 인간에게 착취당하는 곰을 우화적으로 묘사해서 세상의 비열함과 부도덕함을 비판했다.

탓이 아니다. 오래전에 이미 나는 모든 적대감을 내려놓았다. 개인적 열정이 아닌 사상의 승리를 위해 뽑았던 칼은 칼집에 그대로 꽂혀 있다. 나는 이 전투에서 용감하게 싸운 장교였지만, 무찔러야 할 게 이념이든, 아니면 그것을 대표하는 사람이건 간에, 전투 또는 소규모 접전이 끝나면 나는 단 한 방울의 원망도 마음에 남기지 않았다. 로마 교회에 대한 광적인 적대는 이제 나에게 있을 수 없다. 적의에 찬 말을 하는 데 필요한 편협함이 내게는 늘 존재하지 않는다. 내 사상의 깊이와 폭을 잘 알고 있기에, 베드로 대성당과 같은 조각상은 내가 미친 듯 덤벼들어도 아무런 피해를 보지 않을 것이다. 물론 수 세기가 걸릴지 모르겠지만, 나는 성벽의 마름돌을 천천히 제거하는 일에 동원된 초라하고 미숙한 일꾼일 뿐이다. 역사의 흐름에 대한 지식이나 경험은 깊은 경지에 이르렀지만, 나는 그 화강암 건물의 거대함을 알아차리지 못할 것이다. 정신의 바스티유*라고 부르고, 지금은 병든 사람들이 그것을 지키고 있다고 주장하지만, 이 성채는 그렇게 쉽게 함락되지 않고,

* 바스티유 : 프랑스어로 성채 또는 요새를 의미한다.

젊은 전사들은 벽에서 떨어져 목이 부러질 것이 분명하다. 사상가로서, 형이상학자로서, 나는 항상 로마 가톨릭 교회의 교리가 일관성을 가지고 있다는 것에 경의를 표하지 않을 수 없었다. 또한 나는 재치와 조롱으로 교리나 제식을 공격한 적이 없다고 자랑스럽게 말할 수 있다. 사람들은 나를 볼테르와 사상적으로 가깝다고 말하지만, 그건 나에게 명예인 것과 동시에 부당한 불명예를 의미한다. 항상 나는 시인이었다. 가톨릭 교리와 제식의 상징 속에서 꽃을 피우고 불타오른 시들은 다른 사람들보다 내게서 더 분명하게 드러날 수밖에 없었다. 젊은 시절 나는 종종 그 시학의 무한한 달콤함과 신비한 영적 충만감, 그리고 무시무시한 죽음의 욕망에 압도된 적이 있었다. 또한 천상의 지극한 축복을 받은 여왕에게 열광한 나는 그녀의 은총과 선함을 다룬 전설을 아름다운 운율로 엮었는데, 나중에 만든 시집에서 어리석게도 뺐지만, 나의 첫 번째 시집*에 아름다운 성모 마리아를 흠모하던 시기의 흔적이 남아 있다.

* 첫 번째 시집 : 《노래의 책(Buch der Lieder)》(1827)을 의미한다.

허영심에 날뛰던 시대는 지나갔다. 이 고백에 모두가 미소 지어도 좋을 것이다.

내가 로마 교회를 맹목적으로 증오하지 않았던 것처럼, 사제들에 대한 사소한 원망도 내 마음속에 깃들지 않았다는 사실을 새삼 고백할 필요는 없을 것이다. 비록 내가 나이가 든 지금도 가끔 바이에른과 오스트리아의 교회 제의실을 돌아다니는 경건하지만 성질 고약한 쥐들과 버러지 같은 부패한 성직자들이 나의 반항심을 자극하지만, 풍자적 재능과 조롱을 좋아하는 나의 심성을 잘 아는 사람이라면 내가 성직자들의 인간적인 약점을 건들지 않으려 했다는 것을 확실히 증언할 수 있을 것이다. 그러나 분노가 치미는 혐오에도 과거를 돌아보고 언젠가 나에게 베푼 공덕을 기억하며 나는 항상 진정한 사제직에 대한 경의를 잃지 않았다. 내가 아이일 때 나의 첫 교육자는 가톨릭 사제들이었다. 나의 지적 첫걸음을 이끌어 준 분들이다. 프랑스 점령 시절 리세움*으로 불렸던 뒤셀도르프의 상급 교육

* 리세움(Lyceum) : 유럽에서 중등 교육 기관을 지칭하는 라틴어식 표기이며 프랑스에서는 리세(lycée)로 불린다.

기관에서도 교사는 모두 가톨릭 신부들이었다. 그들은 진지하고 선한 마음으로 나의 지적 형성에 관심을 쏟은 분들이었다. 프로이센의 침략 이후 그 학교는 프로이센-그리스어인 김나지움이라는 이름으로 바뀌었고, 신부님들 역시 점진적으로 세속의 교사들로 대체되었다. 동시에 예수회 학교에서 유래한 라틴어 입문 요약본과 시문선*과 같은 교과서들도 사라지고, 복잡하고 현학적인 베를린 독일어로 쓰인 문법서와 입문서로 대체되었는데, 쉽고 자연스러우며 건전한 예수회 라틴어에 익숙한 젊은 지식인들이 그 추상적인 학문 용어들을 이해하는 건 쉽지 않은 일이었다. 예수회 사제들을 어떻게 생각하든 간에, 그들이 항상 실용적 감각을 가지고 수업에 임했다는 점을 우리는 인정해야만 할 것이다. 물론 그들은 고대의 지식을 왜곡해서 전달했지만, 그 지식은 매우 일반화되고 민주화된 것이었다. 즉 오늘날과 같이 개별 학자가 아닌 대중을 대상으로 삼은 것이다. 정신의 귀족인 학자는 고대와 고대인들을 더 잘 이해하기 위해 연구하지만, 대중 대다수가 고대에

* 시문선(詩文選) : 주요 문학 작가들의 시와 산문을 모아 놓은 책이다.

대한 지식을 얻는 경우는 드물고, 얻었더라도 그 지식은 빵부스러기처럼 적을 뿐이다. 헤로도토스*에 관한 짧은 이야기나 이솝 우화, 또는 호라티우스*의 시구를 대중이 기억하는 경우가 그렇다는 것이다. 과거 가난한 사람들이 어린 시절 학교에서 배급한 빵의 껍질을 아주 오랫동안 조금씩 갉아 먹었던 것처럼. 언젠가 어떤 늙은 구두 수선공이 검은 외투를 입고 예수회 학교에 다닐 때를 회상하며 이렇게 말한 적이 있다. 라틴어를 조금만 알고 있어도 그 사람의 모습이 멋있어진다고. 〈카틸리나 탄핵 연설문〉* 에서 키케로가 말한 구절들을 기억하는 그는 오늘날의 선동가들을 대상으로 자주, 그리고 희열을 느끼며 재치 있게 그것을 인용하곤 했다. 교육학은 예수회의 전문 분야였다. 물론 예수회 기사단을 위한 것이긴 했지만, 교육은 그들에게 남은 유일한 인간적 열정이기도 했다. 즉 그들은

* 헤로도토스 : 고대 그리스의 역사가다.

* 호라티우스 : 인문주의, 고전주의 작가들이 숭배한 로마 공화정 시기의 시인이다.

* 〈카틸리나 탄핵 연설문〉 : 로마의 집정관 키케로가 반란자인 카틸리나의 계략을 폭로하며 발표한 연설문이다.

신앙을 위해 이성을 억압한다는 원래의 목적을 망각했으니, 사람들을 다시 순진한 어린아이로 되돌리는 대신, 의지와는 반대로 수업을 통해 어린아이들을 성인으로 만들어 놓았다. 말하자면 혁명을 일으킨 위대한 사람들이 바로 이 예수회 학교 출신인 것이다. 그들이 학습을 통해 단련되지 않았더라면 위대한 사상의 발현은 한 세기 후에나 가능했을 거다.

가련한 예수회 교부들! 그대들은 자유주의 정당의 꼭두각시이자 희생양이 되었지만, 사람들은 그저 그대들의 위험성만 보았을 뿐 공로는 알지 못했다. 내 생각을 말하자면, 나는 로욜라*라는 이름만 나오면 붉은 천 조각을 보고 덤비는 황소처럼 격분하는 동지들의 절규에 공감하지 않는다. 그리고 자유주의 진영의 이익을 지키는 걸 소홀히 하지 않으면서도 우리가 다른 진영에 있는 건 종종 사소한 우연에 의한 것이라는 사실을, 그렇다고 완전히 반대의 진영에 있는 것도 아니라는 사실을 인정하지 않을 수

* 이그나티우스 드 로욜라(Ignatius de Loyola, 1491~1556) : 가톨릭교회의 사제이자 신학자이며 예수회의 창립자다.

없다. 이와 관련하여 나는 대략 8년 전 함부르크에서 당시 80세의 고령인 어머니와 나눈 대화를 종종 기억에 떠올린다. 내가 소년 시절 다녔던 학교와 가톨릭 교사들에 관한 대화를 나눌 때 어머니의 입에서 이상한 이야기가 흘러나왔다. 이제 알게 된 것이지만, 교사 중에 예수회 출신의 사람들이 꽤 있었다는 것이다. 프랑스 점령기에 뒤셀도르프 리세움의 교장으로 임명되었고 고학년의 철학 강의를 담당했던 이해심 넓고 다정한 성격의 샬마이어에 관해 우리는 많은 이야기를 했다. 수업 시간의 그는 자유로운 그리스 사고 체계를 진솔하게 설명해 주는 사람이었다. 하지만 때때로 사제복 차림으로 제대에서 자신의 임무를 수행하는 그의 모습을 보면서 나는 그리스 사고 체계가 가톨릭의 정통 교리에 극명하게 대조된다는 생각을 한 적이 있다. 내가 소년 시절에 철학 강의를 들을 수 있었던 건 분명 의미 있는 일일 것이다. 이런 특별한 혜택을 내가 누릴 수 있었던 것은 언젠가 요사팟 계곡에서 열린 배심 재판 회의에 내가 꾸준하게 참석했기 때문일 수도 있지만, 무엇보다 우리 가족의 친구인 샬마이어 교장이 나에게 특별한 관심을 기울였기 때문이다. 그와 함께 본에서 공부했던 나의 삼촌 중 한 분은 그의 학문적 동료였고, 또한 나의 조부는 치명적인 병에 걸린 그를 보살펴 낫게 해 주었다. 그래서 노신사 샬마이어는 어머니와 자주 나의 교육과 미래의 직업에 관해 이야기를 많이 나누었고, 어머니가 후에 함부르크에서 말씀하신 대로, 그는 어머니에게 나를 교회에 헌신하고 신학교에서 가톨릭 신학을 공부하도록 로마에 보내라고 조언했다. 샬마이어 교장은 로마의 고위 성직자 중에서 영향력 있는 친구들의 힘을 빌려 내가 중요한 교회 직책에 오르도록 도와줄 준비가 되어 있다고 그녀에게 확신시켜 주었다. 어머니는 이 이야기를 하면서 일찍이 나의 본성을 꿰뚫어 보고 어떤 정신적, 육체적 환경이 나에게 가장 잘 어울리는지 정확하게 파악했던 재치 있는 노신사의 조언을 따르지 않은 걸 깊이 후회하셨다. 연로한 나의 어머니는 그토록 현명한 제안을 거절한 것을 무척 후회했다. 하지만 당시 그녀는 내가 세속적으로 매우 큰 명예를 얻는 사람이 되기를 꿈꾸고 있었다. 그녀는 루소의 세계관을 긍정적으로 받아들이고 신앙적으로는 엄격한 이신론자였다.* 또한 그녀의 큰아들에게 독일의 성직자들

* 루소의 세계관을~엄격한 이신론자였다 : 계몽주의 사상가인 루소는 이성과 양심에 바탕을 둔 자연 종교를 적극적으로 찬양하면서 제도화

이 평상시 입고 다니는 볼품없고 실용적이지 못한 정복, 즉 수단을 입히는 게 무척 마음에 들지 않았다. 그녀는 로마의 신부들이 매우 우아한 옷을 입고 영원토록 아름다운 로마에서 어떻게 걸어 다니는지, 그리고 정중하고 예술적 취향의 경건한 제복인 검은색의 작은 비단 망토를 어깨에 요염하게 걸치고 있는지 알지 못했다.

오, 그리스도의 교회를 섬기는 로마의 사제는 죽음을 피할 수는 없겠지만 얼마나 행복한 존재인가. 그는 아폴로와 뮤즈들도 숭배한다. 우아한 세 여신은 그가 소네트를 쓸 때 잉크병을 들고 있고, 그들의 총애를 받는 그는 아르카디아*의 대학에서 화려한 운율의 시를 낭송한다. 예술 전문가인 그는 젊은 여가수가 장차 셀레베리마 칸타트리체,* 디바, 그리고 세계적인 프리마돈나가 될 것인지 그저 목만 만져 봐도 가늠할 수 있다. 또한 고대의 유물에

된 종교를 비판했다.

* 아르카디아 : 고대 그리스인과 로마인들의 이상향이다.

* 셀레베리마 칸타트리체(Celeberrima cantatrice) : 라틴어로 널리 알려지고 명성을 얻은 가수를 의미한다.

관한 해박한 지식을 가진 그는 발굴한 어느 그리스의 바칸테*의 몸통에 대한 논문을 라틴어로 멋지게 쓸 수 있다. 그리고 그것을 기독교의 머리, 즉 폰티펙스 막시무스*로 불리는 이에게 존경을 담아 헌정한다. 그는 미술 작품에 대해서도 전문가다. 그는 화가들의 작업실을 방문하여 여성 모델에 대한 극도로 세밀한 해부학적 관찰 견해를 그들과 공유한다. 이 책의 저자는 그런 사제가 되어 한가롭게 삶의 순간을 즐기며 영원한 도시의 도서관과 미술관, 그리고 교회와 유적지들을 거닐고, 즐거움을 누리며 공부할 모든 수단을 가졌을 것이다. 나는 선별된 청중 앞에서 미사 말씀을 낭독했을 것이고, 또한 성주간에는 엄격한 도덕주의자가 되어 강론대 앞에 섰을 것이다. 물론 금욕과 같은 야비한 행위는 하지 않았을 것이다. ―특히 로마의 숙녀들은 나의 강론에 감동하고 큰 영향을 받았을 것이다. 그래서 그러한 인기와 공로로 나는 교회의 높은 서열에 올라

* 그리스의 바칸테 : 그리스 신화의 주신 디오니소스(로마 신화의 바쿠스)를 추종하는 여성 신도이다. 마에나드로도 불린다.

* 폰티펙스 막시무스(pontifex maximus) : 로마의 최고 사제를 가리키는 라틴어 명칭이다.

최고의 명예를 얻었을 것이다. 아마도 몬시뇰*이 되고, 보라색 양말*을 신으며, 심지어 머리 위로 진홍색 모자*가 떨어졌을지도 모른다. —속담에도 이런 말이 있다. '신부라면 낮은 신분이어도 교황이 되고 싶어 한다.'—결국 나는 그 가장 높은 명예의 직위에 올랐을 것이다. —천성적으로 야망이 없는 편이지만, 나는 콘클라베*에서 교황으로 선출되면 거절하지 않았을 것이다. 여하튼 그건 아주 점잖고 좋은 수입을 기대할 수 있는 직책이다. 물론 나는 유능하게 그 일을 할 수 있었을 거다. 느긋하게 베드로의 의자에 앉아서 경건한 모든 기독교인, 신부는 물론이고 신자들이 입을 맞추도록 다리를 쭉 뻗었을 것이고, 여섯 명의 건장하고 화려한 진홍색 옷을 입은 시종들이 어깨에 멘 황금 의자에 앉아 흔들릴 때마다 손으로 팔걸이를 약간

* 몬시뇰(monsignore) : 교황의 명예 전속 사제로 임명된 사제들을 말한다.

* 보라색 양말 : 주교를 의미한다.

* 진홍색 모자 : 추기경을 의미한다.

* 콘클라베(Conclave) : 가톨릭교회의 교황 선출 회의다.

꽉 잡은 채로 기둥이 줄지어 늘어선 대성당 통로를 지날 것이다. 교회의 수장인 나를 수행하는 사람들은 불붙은 양초를 든 대머리의 카푸친 수도사들과 금장식 복장의 거대한 공작새 깃털을 들고 부채질하는 하인들인데, 그 장면은 오라스 베르네의 행렬 묘사*에서 볼 수 있듯이 대단한 광경일 것이다. 또한 흔들림 없는 사제다운 엄숙한 태도로—나는 필요할 때면 매우 진지해질 수 있다—교황궁에서 모든 기독교 세계를 굽어보며 매년 정기적으로 강복을 빌어 주었을 것이다. 또한 교황청에서 세 겹의 왕관을 머리에 쓰고 붉은 모자와 주교 모자, 그리고 황금색의 브로케이드* 예복과 다양한 색의 수도복을 입은 참모진에 둘러싸인 교황 성하가 되어 높은 발코니에 모습을 드러낼 것이다. 셀 수 없이 많은 군중이 아래에서 머리를 숙이며 무릎을 꿇으면—나는 천천히 손을 뻗어 이 도시와 세계에 축복을 빌어 줄 것이다.

* 오라스 베르네의 행렬 묘사 : 나폴레옹 시대의 전쟁 화가인 오라스 베르네(Horaz Vernet, 1789~1863)는 〈나폴레옹의 무덤(Le Tombeau de Napoléon)〉(1821)에서 영웅을 추모하는 사람들의 행렬을 그렸다.

* 브로케이드 : 비단에 금사 또는 은사로 이중 무늬를 넣은 것이다.

그러나 독자 여러분도 잘 알고 있다시피, 나는 교황도, 추기경도, 심지어 로마 교황 대사도 되지 못했다. 세속은 물론이고 영적인 계급 서열에서도 나는 어떤 직책도 명예도 얻지 못했다. 사람들이 말하듯 나는 이 아름다운 세상에서 아무것도 이룬 것이 없다. 내가 한 것이라곤 그저 시인이 된 것뿐이다.

그렇다고 겉으로 자신을 낮추고 겸손한 척하며 시인이라는 이름을 평가절하할 생각은 없다. 시인이 되는 것은, 그것도 독일에서 위대한 시인이 되는 것은, 두 가지 측면에서, 특히 철학과 노래에서 다른 모든 민족을 능가하는 사람 중 한 명이 되는 것이다. 나는 천민들이 만든 거짓 겸손으로 시인의 명성을 부정하지 않겠다. 우리 나라에서 나처럼 이른 나이에 시인이 되어 승리의 월계관을 쓴 사람은 없다. 중국인들은 떨리는 손으로 베르테르와 로테를 유리에 그린다고 나의 동료 볼프강 괴테가 즐겁게 노래했다면, 나는 중국에서 얻은 명성을 훨씬 뛰어넘는, 즉 일본에서 얻은 명성으로 대적할 수 있다고 자랑할 수 있다. 12년 전쯤, 그러니까 내가 리가에서 온 친구 벨만이 묵었던 호텔 데 프랭스에 있을 때였다. 친구는 나에게 30년 동안 일본 나가사키에 있다가 이제 막 돌아온 네덜란드인이 나와 친분을 맺길 간절하게 원한다고 했다. 그는 현재 레이

덴에서 학자 자이볼트와 함께 일본에 관한 위대한 저작을 발표하는 뷔르거 박사였다. 그는 한 젊은 일본인에게 독일어를 가르쳤고, 일본인은 후에 일본어로 나의 시를 번역했다고 내게 말했다. 그러면서 그것이 일본어로 출판된 최초의 유럽 책이라고 했다. — 더욱이 나는 이 흥미로운 번역에 관한 상세한 내용이 영국의 《캘커타 리뷰》*에 실려 있다는 걸 알고 있었다. 나는 곧바로 여러 캐비닛 드 렉처*에 사람을 보냈지만, 그곳의 학식 있는 대표 중 누구도 나에게 그 책을 마련해 줄 수 없었고, 줄리앙과 폴티에*에게도 요청했으나 소용이 없었다….

이후로 나는 일본에서 얻은 나의 명성을 더 이상 알아보지 않았다. 지금은 핀란드에서 그렇듯 일본에서 얻은 명성은 내게 중요하지 않다. 아! 명예가 무어란 말인가. 파

* 《캘커타 리뷰》 : 캘커타 대학에서 격년으로 발표하는 학술지로 1844년에 창간되었다.

* 캐비닛 드 렉처(cabinets de lecture) : 18세기와 19세기의 프랑스에서 시민들이 신문과 문학 작품을 읽을 수 있는 시설이다.

* 줄리앙과 폴티에 : 하이네의 작품을 번역하거나 출판했던 사람들이다.

인애플이나 아침처럼 달콤한 수다가 아닌가. 한동안 나를 몹시 불쾌하게 만들었지만, 이제는 쑥처럼 씁쓸하기만 하다. 로미오처럼 나도 말할 수 있다. 나는 행운의 바보다.* 나는 커다란 죽 그릇 앞에 앉아 있지만 숟가락이 없다. 세상의 모든 환락에서 고립된 내가 맛없는 탕약으로 입술을 적실 뿐인데, 황금 잔과 훌륭한 포도주가 있는 연회에서 나의 건강을 위해 건배한다 한들 무슨 소용이 있겠는가! 젊은 남녀들이 내 대리석 흉상에 월계관을 씌워 준다지만, 그게 무슨 소용이 있겠는가, 그러는 동안 늙은 간호사가 메마른 손으로 내 귀 뒤에 앉은 스페인 파리를 눌러 죽이려 하는데! 뭐가 내게 소용이 있다는 건가, 시라즈의 장미가 다정하게 나를 위해 피어나고 향기를 뿜는다 해도… 아, 시라즈는 암스테르담 거리에서 2000마일이나 떨어져 있다. 이곳의 병실에서 나는 지독한 고독감을 맛보며 따뜻한 냅킨 향기 외에는 맡을 수 있는 게 없다. 아! 신의 조

* 나는 행운의 바보다 : 〈로미오와 줄리엣〉에서 로미오가 친구를 죽인 티볼트를 살해한 후 다가올 불행한 운명을 깨닫지 못한 채 자신의 행위를 명예롭다고 오인하며 내뱉은 말이다.

롱이 나를 억세게 짓누르는구나. 우주를 만든 위대한 작가, 천상의 아리스토파네스*는 하찮은 세속적 존재인 소위 독일의 아리스토파네스에게 재치 있는 풍자가 그의 풍자에 비하면 보잘것없는 조롱에 불과하다는 것을, 유머와 기발한 농담에서 내가 그를 따라잡을 수 없다는 것을 보여주려 한다.

그렇다, 거장께서 내게 퍼부으신 조롱과 신랄한 풍자는 끔찍하고, 그분의 농담은 두렵고 잔혹하다. 나는 그분의 우월함을 겸허하게 받아들이며 피어오르는 연기 속에서 그분 앞에 머리를 숙인다. 그러나 내게 그런 최고의 창조력이 없다 하더라도, 내 영혼 안에서 이성은 영원히 빛을 발하고 있다. 게다가 법정에서 경건성 여부를 따지며 신의 장난을 비판받게 할 수 있다. 그리고 이제 나는 무엇보다 겸손한 제안 하나를 감히 드리고자 한다. 불쌍한 제자를 괴롭힌 신의 그 잔혹한 농담이 너무 길어지고 있다는 생각이 든다. 6년이 넘지 않았는가, 이제는 지루하다. 아

* 아리스토파네스(기원전 446~기원전 386) : 고대 그리스의 희극 작가다.

울러 그 장난은 새것도 아니고 위대한 아리스토파네스가 이미 다른 데서 써먹은 것이다. 중요한 건 아니겠지만, 그래서 신이 스스로 표절을 저질렀다는 점을 말하고 싶다. 이 주장을 뒷받침하기 위해 《림부르크 연대기》*의 한 구절을 인용하고자 한다. 독일 중세 시대의 관습과 풍습에 관해 알고 싶은 사람들에게 이 연대기는 매우 흥미로운 책일 것이다. 패션 잡지처럼 이 연대기는 시기별로 등장했던 남녀 의상을 설명하고, 매년 사람들이 흥얼거리고 불렀던 노래에 관한 정보를 제공하며, 당시 인기를 끌었던 노래가 어떻게 시작하는지도 알려 준다. 1480년 독일 전역에서 흥얼거려지고 불렸다는 그 노래는 이전에 알려진 어떤 노래보다 더 달콤하고 아름다웠으며, 젊은이와 노인, 무엇보다 여성들이 그 노래에 푹 빠져 아침부터 저녁까지 노래하는 걸 들을 수 있었다고 연대기는 말한다. 그런데 연대기는 그 노래를 만든 사람이 한센병을 앓는 젊은 성직

* 《림부르크 연대기(Limburger Chronik)》 : 독일 작가 볼프하겐(Tilemann Elhen von Wolfhagen, 1347~1420)이 림부르크 도시의 역사를 기록한 책이다.

자라는 말을 덧붙이고 있다. 그는 세상에서 고립된 황야에서 살았다는데, 독자 여러분도 중세 시대에 한센병 환자가 얼마나 끔찍한 고통 속에 살았는지, 그리고 불치병에 걸린 사람들은 시민 사회에서 배척당하고 다른 사람들 곁으로 다가갈 수 없다는 걸 잘 알고 있을 거다. 그들은 머리부터 발끝까지 몸을 감싸고, 얼굴에 두건을 뒤집어쓰며, 손에는 주위 사람들에게 자기가 근처에 있다는 것을 알려 그들이 즉시 길에서 비켜설 수 있도록 이른바 나사로 딸랑이를 들고 살아 있는 시체가 되어 돌아다녔다. 《림부르크 연대기》에서 노래를 만든 사람으로 명성을 얻었던 그 가련한 성직자가 바로 한센병 환자였다. 끔찍한 황야에서 우울하게 앉아 있지만, 그가 지은 노래는 독일 전역에서 기쁨과 환호 속에 흥얼거려지고 불린다! 오, 이런 식의 명성은 조롱이다. 즉 신의 잔혹한 장난이다. 이번에는 낭만적인 중세의 의상 차림이지만, 신은 여기서도 마찬가지다. 거만한 유다의 왕이 한 말은 옳았다. 태양 아래 새로운 건 없다고. 어쩌면 이 태양도 오래되고 따뜻하게 데워진 장난이 아닐까, 새로운 광선이 덧대어져 반짝이는 게 인상적이지 않은가!

가끔 밤에 흐릿하게 나타나는 모습 중에 《림부르크 연대기》에 등장하는 사랑하는 나의 형제, 그 가련한 성직자가 내 앞에 서 있었다는 생각이 든다. 두건 너머 강렬하게 나를 쏘아보는 그의 고통스러운 눈, 그러나 그는 재빨리 도망가고, 나사로 딸랑이 소리가 꿈의 메아리처럼 울리며 사라진다.

해 설

하인리히 하이네의 《고백록》(1854)은 그의 삶을 지배한 고통과 감정, 시대와 역사에 대한 지적 통찰 등을 투영하여 한 권의 책으로 엮어 낸 자전적 작품이다. 투병 생활 중 거의 눈이 멀고 몸이 마비된 상태에서 비서에게 구술하며 받아쓰게 하여 완성한 이 산문은 프랑스 잡지에 《시인의 길》이라는 제목으로 처음 게재되었고, 이후 독일어판 《산문집》에 수록되어 출판된 것으로, 체계적으로 구성된 회고록이라기보다는 글쓴이 고유의 개성과 특색이 돋보이는 문체의 성찰과 일화 그리고 회상 등을 모아 놓은 것이다. 특히 《고백록》은 시인의 말년을 관통하는 심오한 통찰을 제공하는데, 그의 《회상록》(1884)과 같은 다른 자전적 작품들과 함께 19세기의 사회적 상황 비판과 더불어 하이네의 내적 혼란과 정체성, 그리고 신앙에 관한 질문을 담고 있어 시인의 삶과 정신을 깊게 이해하는 데 중요한 자료라고 할 수 있다.

흔히 자전적 성격의 고백록은 작가 자신의 오류나 약점을 솔직하게 드러내고 반성하는 데 중점을 두고 단순한 사실의 나열을 넘어 깊은 내적 성찰을 동반하는 경향이 있다. 죄를 참회하고 신의 은총으로 회심에 이르는 과정을 고백하고 신에 대한 찬미를 의도한 아우구스티누스의《고백록》과 인간의 감정과 경험에 초점을 맞추어 세상에 자신의 진실한 모습을 보여 주려 했던 루소의《고백록》이 그 대표적 사례일 것이다. 그러나 하이네의《고백록》은 고전적 의미의 이러한《고백록》과 거리가 멀다. 세 사람의《고백록》은 모두 자신의 삶을 돌아보는 자전적 성격을 띠지만, 고백의 대상과 목적, 인간에 대한 관점에서 근본적인 차이가 있다. 하이네는 구원의 간증이나 자기변호, 해명보다는 유럽 정치와 사회 비판을 의도하며 자신의 사상과 견해를 밝히고 풍자하는 데 목적을 두었다. 이런 면에서 하이네의《고백록》은 시사 평론 또는 풍자 문학적 성격이 강하다고 할 수 있다. 주지하다시피 시인은 낭만주의를 떠나 독일의 봉건적 구체제를 신랄하게 비판하고 풍자하는 참여 문학에 경도되었고, 파리 망명 후에는 얼어붙은 독일의 정치적 상황을 고발하는 등 그의 작품에는 유럽 사회의 모순과 정치적 상황에 대한 날카로운 비판이 담겨 있다. 한편 하이네의 비판과 풍자가 사회의 모순이나 구조적 문제를 겨냥한다면,《고백록》은 그러한 문제들이 그의 삶에 어떻게 영향을 미쳤는지, 그리고 육체적, 정신적 한

계에 부딪힌 말년의 시인에게서 나타난 정신적 변화의 폭이 어떤지를 심층적으로 파고들어 이해하게 해 준다. 물론 하이네는 전통적 형식의 고백록에서처럼 자기 내면을 있는 그대로 모두 드러내지 않는다. 그는 핵심적인 문체적 장치이자 검열과 당대의 지적 편협함에 맞서는 무기로 작동했던 아이러니와 풍자를 통해 질병과 고통 속에서도 날카로운 재치와 유머 감각을 유지하고, 반대자들과 자신의 과거 입장에 맞서 정치적, 문학적 투쟁을 벌인다.

하이네는 감정적으로는 낭만주의에 매료되어 있지만, 지적으로는 그 위험성을 비판한다. 그래서 그는 《고백록》에서 자신을 "타락한 낭만주의자"라고 말한다. 또한 그는 자신을 낭만주의의 마지막 시인으로 묘사하면서도 낭만주의를 시대에 뒤떨어진 것으로 여기며 작별을 고한다. 낭만주의자들이 신비로운 꿈의 세계로 도피하여 당대의 사회적, 정치적 현실을 무시했기 때문이다. 아울러 그는 육체를 부정하고 현세를 경시하는 낭만주의의 과도한 종교성과 유심론적 세계관에도 반대한다.

하이네의 낭만주의 비판은 반(反)나폴레옹주의자이며 독일 예찬론자인 스탈 부인에 대한 비판으로 이어진다. 그는 《고백록》에서 스탈 부인의 저서 《독일에 대해서》를 비판적으로 다룬다. 그녀가 이상화한 독일 이미지, 즉 그녀가 독일을 세속적이지 않고 종교적이며 비정치적인 "시인과 사상가들의 나라"로 미화하는 것을 그는 단호하게 거부한다. 하이네는 그녀의 책이 독일의 혁명적 기류와 사회적 불의를 은폐하며, 비정치적이고 순응적인 국민을 원하는 반동적인 독일 통치자들의 기대에 상응한다고 본다. 스탈 부인의 낭만적 이상을 계몽주의적 관점에서 비판하는 그는 독일 사상의 발전은 몽환적인 과정을 거치지 않았으며, 루터와 칸트 등의 인물들이 프랑스 혁명의 지도자들보다 더 폭발적이고 혁명적으로 역사의 진보를 일구었다고 본다. 이와 같이 하이네는 스탈 부인과의 대립을 통해 망명 중인 계몽된 지식인으로서, 낭만적 성향에도 낭만주의를 떠난 앙가주망 시인으로서, 그리고 독일과 프랑스 사회와 문화에 정통하며 두 나라를 비판적으로 평가하는 시인으로서의 정체성을 공고히 하고자 했다.

스탈 부인의 나폴레옹 1세에 관한 입장이 동경에서 환멸로 바뀌었듯이, 하이네 역시 젊은 시절의 영웅에 거리를 둔다. 그는 《고백록》에서 프랑스 통치 아래 뒤셀도르프에서 보낸 어린 시절을 회상하며 계몽주의와 자유의 가치를 몸소 보여 준 나폴레옹의 통치로 봉건주의 시대의 낡은 사고방식과 사회 제도로부터 독일이 해방되었다고 묘사한다. 1830년 7월 혁명 이후 프랑스 망명을 결심한 것도 이러한 영웅 숭배에서 비롯되었다는 시인의 고백은《프랑스 정세》(1832)와 같은 그의 초기 작품들에서도 나타난다. 그러나 시간이 흐르면서 하이네의 관점은 변화한다. 나폴레옹은 더 이상 영웅이 아니라 권력을 탐하며 초기 혁명적 이상을 훼손한 폭군으로 묘사된다. 특히 루이 필리프와 이후 나폴레옹 3세 치하의 프랑스 정치 상황에 대한 실망이 이러한 판단에 큰 영향을 미친다. 기대했던 민주주의의 쇄신은 실현되지 않은 것이다. 그러나 하이네는 나폴레옹과 같은 천재도 폭정으로 기울 수 있다는 것을 인식하면서도 혁명의 이상을 구현한 천재에 대한 매혹을 완전히 잃지는 않는다. 자유와 진보를 가져온 나폴레옹에 대한 기억과 권력욕에 사로잡힌 영웅의 현실을 조화시키려는 하이네의 노력이 엿보인다.

나폴레옹과 더불어 시인에게 큰 영향을 준 인물은 헤겔이다. 하이네의 정치 시에는 헤겔 철학의 여러 요소가 반영되어 있다. 그는 헤겔을 지성의 거인으로 묘사하며 관념론에 기반한 철학자의 변증법이 혁명을 역사 발전의 원동력으로 여겼던 세대에게 미친 영향을 인정한다. 그러나 말년의 하이네는 헤겔의 지적 위대함에 존경심을 표현하지만, 자신이 종종 헤겔을 이해하지 못했다는 사실을 인정하고 결국 절대적 관념론에 거리를 둔다. 그것은 헤겔의 철학적 명제, 즉 절대정신이 변증법적 과정을 통해 발전하며 최고의 단계인 진리에 도달할 것이라는 미래 비전이 비현실적이라는 인식에서 비롯된다. 젊은 시절부터 자유와 정치적 진보를 갈망했던 시인은 헤겔의 명제가 이상적 현실로 나타나지 않으며, 그래서 순전히 추상적인 사고에 불과한 것을 깨달으며 신념에서 벗어난다.

헤겔과 그의 철학을 비판적으로 계승한 헤겔 좌파에 거리를 두면서 말년의 하이네는 유물론적, 무신론적 세계관을 떠나 유심론으로 돌아가는 태도의 변화를 보인다. "신으로의 회귀"로 해석되는 그의 변화는 순전히 이성적이고 관념주의적인 세계관의 주요 비판점, 즉 물질세계의 실체에 대한 설명 부족, 현실 세계와의 유리 등에 대한 회의를 반영한다. 아울러 젊은 시절의 종교에 대한 비판적 태도를 회고하며 신에 대한 믿음을 고백하는 하이네의 태도는 무엇보다 죽음을 앞둔 병자의 내면과 밀접한 관련이 있다. 소위 "매트리스 무덤"에 갇힌 하이네는 고통의 시간을 신과 함께 보내며 깊은 안정감을 느낀다. 그러나 기독교에 대한 그의 유화적인 태도는 여전히 비판적인 거리를 유지한다. 말년의 하이네가 견지한 신앙은 특정 종교의 교리에 국한되지 않고 제도로서의 종교에서 벗어난 믿음을 의미하며 그의 고유한 경험과 심리적 요인들이 복합적으로 작용하는 다분히 개인 차원의 정신적 태도로 이해된다.

이러한 하이네의 종교성은 유대교와의 관계에서도 나타난다. 《고백록》은 하이네의 양면적인 태도를 보여 준다. 그는 유대교의 교조적인 엄격함을 비판했지만, 동시에 유대 민족의 영적인 깊이와 고통에 공감한다. 그는 유대교가 유일신교의 뿌리이자 정체성의 기반이라는 중요성을 인식하며 1825년 서구 사회 안착을 꿈꾸며 기독교로 개종했던 일을 깊이 후회하며 그의 세례가 종교적 신념에 의한 것이 아니었다고 고백한다. 그러나 기독교와 마찬가지로 말년의 하이네에게 유대교와의 화해는 단순히 제도화된 종교로의 회귀를 의미하는 것이 아니다. 자신의 문화적, 정신적 뿌리에 대한 인식에서 시작하여 유대 민족과의 정서적 유대감을 발견하고 유대교에 내재한 도덕적 엄격함과 생명력을 높이 평가하지만, 그는 금욕적이고 현세를 멀리하는 나사렛주의, 즉 억압적인 유대-기독교적 영성주의에는 여전히 거리를 둔다.

《고백록》에서 하이네는 자신의 질병과 임박한 죽음을 냉소적이고 아이러니한 방식으로 성찰한다. 그는 병상에서 겪는 고통스러운 삶을 자학적인 분위기를 더해 묘사한다. 《림부르크 연대기》에 등장하는 한센병에 걸린 성직자처럼 살아 있는 시체가 된 자기 육체를 조롱하듯 표현하지만, 그는 그 가련한 성직자가 지은 노래는 이전에 알려진 어떤 노래보다 더 달콤하고 아름답다는 말을 덧붙인다. 특유의 날카로운 유머 감각으로 시인의 정신적 강인함과 불멸을 시사하는 것이다.

지은이에 대해

많은 이들이 하이네를 낭만주의 시인으로 기억한다. 그의 시들이 개인적인 감정, 사랑의 고통과 좌절 등을 다루며 낭만주의 특유의 감상적인 분위기를 자아내기 때문이다. 여러 작곡가가 하이네의 시를 노랫말로 삼은 것도 우연이 아니다. 그러나 하이네는 낭만주의에 머물지 않고 시대의 문제에 맞선 시인이기도 했다. 그의 작품은 자유주의적, 혁명적인 사상과 사회 질서에 대한 신랄한 비판과 풍자로 인해 당시 프로이센 당국에 의해 검열되거나 금서로 지정되는 등 출판에 큰 어려움을 겪었다. 이러한 이유로 생전의 하이네는 핍박과 모멸의 시간을 보낼 때가 많았다. 그러나 시인의 이러한 삶과 작품들은 역사적, 사회적 상황이나 구조적 문제로 인해 겪는 고난뿐만 아니라 인간 본연의 보편적인 문제들에서 비롯되었으므로 시대를 초월하여 오늘날의 독자에게도 깊은 공감을 불러일으킨다.

하인리히 하이네는 1797년 12월 13일 독일 뒤셀도르프의 세속적인 유대인 가정에서 포목상 삼손 하이네와 그의 아내 베티의 아들로 태어났다. 1803년부터 어린 하이네는 사립 유대인 학교에 다녔으나, 프랑스 점령 시기 학교법 개정으로 유대인 자녀들이 기독교 학교에 다닐 수 있게 되자 시립 초등학교로 전학했고, 이어 뒤셀도르프 리세움(현재의 김나지움)을 다니며 프랑스어와 프랑스 문학을 접할 수 있었다. 13세의 하이네는 1811년 나폴레옹 1세가 뒤셀도르프에 입성하는 광경을 목격했다. 그는 훗날 이 경험을 그의 저서《이념 : 르그랑의 책》(1827)에 생생하게 담아냈다. 하이네는 평생 나폴레옹을 존경했고, 특히 유대인과 비유대인에게 법적 평등을 보장한 그를 높이 평가했다. 1814년 하이네는 아버지의 뒤를 이어 상인의 일을 배우게 된다. 그는 처음에는 프랑크푸르트 은행에서 수습생으로 일했으나 두 달 후 도제 생활을 그만두고, 은행을 운영하며 백만장자가 된 삼촌 살로몬이 있는 함부르크에서 다시 도제 수업을 받으며 자신의 사업을 시작할 재정적 수단을 얻게 된다. 그러나 사업에 대한 적성과 의욕이 없던 그의 도전은 파산으로 끝났다. 1819년 하이네는 본대학교 법학부에 입학했고 괴팅겐과 베를린에서 법학 외에 철학 및 역사 수업에도 참여하며 학업을 이어 갔다. 1825년 하이네는 괴팅겐대학 법학부에서 박사학위를 받았다. 아울러 개신교로 개종했으며 크리스티안 요한 하인리히라는 이름으로 개명했다. 개종 및 개명은 당시 세속화된 유대인이 사회적 차별과 고립에서 벗어날 수 있는 유일한 방안이었다. 이후 하이네는 함부르크에서 변호사와 법률 고문 자리를, 베를린과 뮌헨에서는 교수직에 지원했다. 하지만 그는 독일 사회의 유대인에 대한 차별과 적대에 좌절하고 만다.

하이네는 1821년 《시집》으로 시인으로서의 이름을 본격적으로 얻기 시작했다. 첫 시집이 호평을 받으면서 그는 여러 문예 잡지에 기고할 기회를 얻게 되고 시, 평론, 산문을 정기적으로 발표할 수 있었다. 《베를린에서 온 편지》와 《폴란드에 대하여》가 이 시기의 대표 작품이다. 그러나 글에 담긴 정부에 대한 비판과 도발적인 표현으로 당국과 갈등을 벌이게 되면서 하이네는 처음으로 비난과 괴롭힘의 대상이 되었다. 1823년 그는 서정시 《인터메초》를 출판했고, 1824년에는 가장 유명한 작품 중 하나인 〈로렐라이〉를 담은 서른세 편의 시를 출판했다. 1826년 출판인 율리우스 캄페가 《여행화첩》 첫 권을 출판하면서 하이네는 큰 성공을 거둔다. 하이네는 생전에 이 작품을 13판 이상 인쇄했고 1827년에 출판된 그의 시집과 함께 대중의 폭넓은 관심과 인정을 받는 시인이 되었다. 하지만 역사 현실에 대한 비판과 풍자는 보수적인 평론가들의 호감을 얻지 못했다. 특히 《여행화첩》에 대한 비판은 새 책이 출간될 때마다 더욱 거세졌다.

독일의 암울한 정치 현실에 절망하고 일자리를 찾는 데도 실패한 하이네는 1831년 5월 파리로 이주했다. 두 번째 고향이 된 파리에서 하이네는 상류 계급의 특권을 부정하고 표현의 자유를 보장하는 프랑스 사회의 분위기에 매료되었다. 그는 《아우크스부르크 알게마이네 차이퉁》을 시작으로 프랑스와 대비되는 독일의 문화적, 정치적 상황에 대한 글을 쓰기 시작했다. 그러나 1년도 채 되지 않아 출판은 중단되었다. 많은 사람들이 그의 자유주의 사상에 열광했지만, 당국은 하이네의 출판물을 의심스럽게 여겼기 때문이다. 그러나 《프랑스 정세》(1832)라는 제목의 책을 출간한 이후 작품과 글이 연이어 발표되면서 그는 단시간 내에 파리에서 유명 인사가 되었고, 파리 문단에도 진출하여 프랑스의 지식인 및 사회 엘리트들과 교류했다. 당시 그가 만났던 인사 중에는 조르주 상드, 빅토르 위고, 알렉상드르 뒤마 등이 있었다.

1835년 하이네를 포함한 '청년 독일파'의 작품들은 프랑크푸르트에서 열린 독일 연방 의회에 의해 독일 사회의 품위와 도덕성을 조롱하고 질서를 파괴했다는 이유로 금서 목록에 오르고 엄격한 검열의 대상이 되었다. 하이네는 자신의 정치적 · 이념적 사상을 재구성하고 이전보다 덜 직접적으로 표현해야 한다는 강박관념 속에 검열과 끊임없는 갈등을 벌였다. 1834년에서 1840년 사이에 《살롱》 네 권이 출판되었고, 여러 작품도 단독으로 출간되었다. 그중에는 《셰익스피어의 소녀와 여인들》(1839)과 《돈키호테》(1837)가 있다. 아울러 이 시기 동안 하이네는 〈피렌체의 밤〉 등의 많은 시들과 〈슈나벨레봅스키 씨의 회상〉, 〈바헤라흐의 랍비〉, 《루트비히 뵈르네에 관하여》(1840) 등의 산문들을 출판했다. 1840년대 초 그는 다시 《아우크스부르크 알게마이네 차이퉁》에 프랑스의 정치 상황 및 문화 현장에 관한 기사와 보고서를 기고하기 시작했다.

1840년 하이네는 파리를 떠나 피레네 산맥을 여행하고 1841년 8월에는 그가 마틸데로 불렀던 프랑스인 오거스틴 크레상스 미라와 결혼했다. 정규 교육을 받지 못한 마틸데는 그의 충실한 동반자였지만, 독일어를 할 줄 몰랐고 배우자가 쓴 작품의 진정한 의미를 온전히 이해하지 못했다. 1843년 하이네는 파리에서 젊은 카를 마르크스와 추종자들을 만났고, 1844년 시집 《신 시집》과 《시대 시》(1841~1844)를 출간하면서 지배 계급을 풍자하고 안일한 사고에 안주한 사회를 비판했다. 이 시기 그의 가장 중요한 정치 시로 〈실레지아의 직조공들〉을 꼽을 수 있다.

파리 이주 이후 하이네는 독일을 1843년, 1844년 단 두

번 방문했다. 1844년 말 하이네가 재정적으로 의존했던 삼촌 살로몬이 세상을 떠나고, 친척 및 상속인들과 지칠 줄 모르는 분쟁이 이어졌다. 게다가 하이네는 척추 결핵 또는 납 중독으로 추정되는 병이 악화하여 이후 8년 동안 소위 '매트리스 무덤'으로 불리는 병상에 누워 지내며 육체적으로나 정신적으로 힘든 시기를 보냈다. 그러나 그의 정신과 글쓰기 능력은 손상되지 않았다. 1851년에 발표된 시집 《로만체로》는 1853년과 1854년에 발표된 그의 다른 시들처럼 억압된 정서와 심리적 불안 등을 여과 없이 드러내고 있다. 이러한 시의 어조와 더불어 만성 질환으로 인한 혹독한 개인적 경험은 이전의 대담하고 비판적인 사고를 재고하고 수정하게 했다. 질병이 진행되면서 전신마비의 상태가 된 시인은 비서에게 수많은 작품을 받아쓰게 했다. 극심한 고통에도 불구하고 그는 1853년과 1854년에 걸쳐 《파우스트 박사. 무용 시》, 《산문집》, 《루테치아》, 《시집》 등 여러 작품을 출판했다. 하이네는 1854년 마지막 산문 《고백록》을 통해 어린 시절부터 이어진 자신의 지적 여정과 주요 정치 · 철학 · 종교 문제들을 되짚어 보았다. 하이네는 1856년 2월 17일 파리 망명지에서 59세의 나이로 생을 마감했고 몽마르트르 공동묘지에 안장되었다. 마틸데는 1883년에 사망했고 하이네의 무덤에 합장되었다.

주요 작품으로 《서정적 인터메초가 있는 비극》(1823, 〈빌헬름 라트클리프〉, 〈알만조〉, 〈서정적 인터메초〉 수록), 《서른세 편의 시》(1824), 《여행화첩》(1826, 〈하르츠 여행기〉, 〈귀향〉, 〈북해〉 등 수록), 《노래의 책》(1827), 《여행화첩》(1827, 〈북해〉 등 수록), 《여행화첩》(1830, 〈뮌헨에서 제노바까지의 여행〉, 〈루카의 온천장〉 수록), 《여행화첩》(1831, 〈루카시〉, 〈영국 단상〉 수록), 《카를도르프의 귀족론 서문》(1831), 《프랑스 정세》(1832), 《살롱. 제1부》(1834, 〈프랑스 화가들〉, 〈슈나벨레봅스키 씨의 회상〉 등 수록), 《살롱. 제2부》(1835, 〈독일의 종교와 철학에 관해〉, 연작시 〈새로운 봄〉 수록), 《살롱. 제3부》(1836), 《낭만파》(1836), 《슈바벤학파 비판》(1838), 《셰익스피어의 소녀와 여인들》(1839), 《작가의 고충》(1839), 《루트비히 뵈르네에 관해》(1840), 《살롱. 제4부》(1840, 〈바헤라흐의 랍비〉, 〈프랑스 무대에 관해〉 등 수록), 《신 시집》(1844, 〈독일. 겨울 동화〉 수록), 《아타 트롤-여름밤의 꿈》(1847), 《로만체로》(1851), 《파우스트 박사. 무용 시》(1851), 《산문집》(1854, 3권 구성으로 〈고백록〉, 〈망명 중의 신들〉 등 수록)을 남겼다.

옮긴이에 대해

김희근은 독일 뮌스터대학교 독어독문학과에서 독문학 박사학위를 받았고 한양대학교 인문과학대학 독어독문학과 교수로 재직하고 있다. 저서로《하이네의 메시아적 전망》,《성과 속, 그 사이에서의 문학 연구》, 역서로 요제프 로트의《거미줄》, 하인리히 하이네의《슈나벨레봅스키 씨의 회상 / 바헤라흐의 랍비》,《하르츠 여행기》가 있으며 다수의 논문을 발표했다.

고백록

지은이 하인리히 하이네
옮긴이 김희근
펴낸이 박영률

초판 1쇄 펴낸날 2026년 3월 6일

커뮤니케이션북스(주)
출판등록 제313-2007-000166호(2007년 8월 17일)
02880 서울시 성북구 성북로 5-11
전화 (02) 7474 001, 팩스 (02) 736 5047
commbooks@commbooks.com
commbooks.com

지식을만드는지식은
커뮤니케이션북스(주)의 고전 출판 브랜드입니다.

ISBN 979-11-430-1981-3 03850

책값은 뒤표지에 있습니다.